格力

为什么能成

全球第一

周锡冰◎著

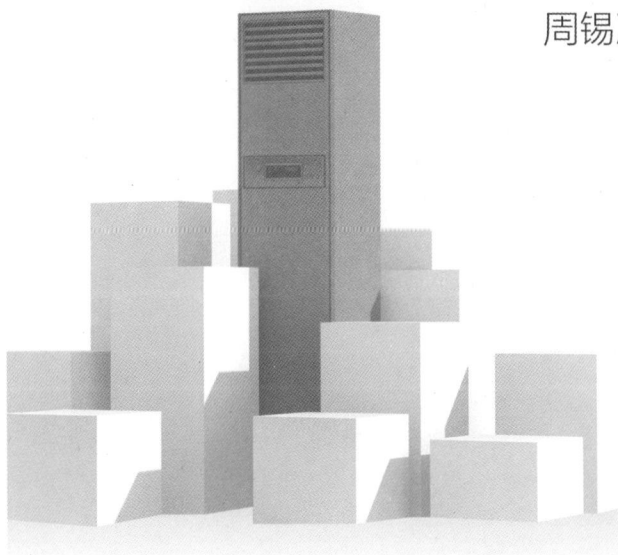

浙江大学出版社
ZHEJIANG UNIVERSITY PRESS

推荐
序

在中国家电行业中,格力电器似乎有些另类,当许许多多的空调品牌在市场上亏损不堪、苟延残喘时,格力电器却一枝独秀、逆势而发,实现了1400亿元的销售业绩——2015年1月19日晚间,格力电器发布2014年度业绩快报,格力电器2014年实现营业总收入1400.05亿元,同比增长16.63%,归属于上市公司股东的净利润为141.14亿元,同比增长29.84%,达到历史最高水平。

这组数据说明,格力电器是一家卓越的企业,在其发展的路径中,无论是前任董事长朱江洪,还是现任董事长董明珠,都做出了巨大的贡献。

正是基于这样的考虑,本书作者从营销、品牌、管理、服务、国际化、渠道、行业、战略等几个方面进行了详细的阐述。其目的在于:发掘格力电器的成功经验,期望能够给许多中国企业提供可以参考和借鉴的范本,从而引领更多的中国本土企业做强做大,走向海外。因此,本书作者以格力电器这个企业案例为依托,不仅介绍了其前任董事长朱江洪的格力电器的管理经验,同时还着重介绍了现任董事长董明珠的格力革命经验。

当中国加入世界贸易组织(WTO)时,中国企业界忧心忡忡,董明珠却不这样认为。董明珠说:"我一直坚信,没有倒闭的行业,只有倒闭的企业。记得当年加入WTO时,很多企业畏惧来自竞争对手的挑战。但我觉得,'入世'反而促使我们练好内功,提高核心竞争力。"

正是基于这样的战略考量,作者把董明珠的格力革命作为中国500强企业案例营销来分析,以期为中国企业的发展提供可供参考和借鉴的范本。

格力电器的工业精神是值得学习的,本书作者周锡冰执着研究的精神同样值得学习。前几日,在《商业模式》论坛上,作为主讲嘉宾的周锡冰私下告诉我,其新作《格力为什么能成全球第一》即将出版,让我写一篇推荐序。

这件事情让我非常震惊:在这个多数人都在忙忙碌碌的镀金时代,一个执着的青年学者却试图通过自己的著作来影响中国数以千万计的企业家。

在周锡冰看来,只要中国企业都能进入世界500强,哪怕是世界1000强,那么中国的国力就能足以强大到御敌于国门之外,同时还能传扬五千年悠久的华夏商业文明。

在《日本百年企业的长赢基因》一书的序言中,周锡冰再次提及"师夷长技以制夷"的思想。他说,尽管中国已并非如100多年前那样受西方列强侵略,但是魏源"师夷长技以制夷"的思想却依然可以指导中国企业。

尽管本书没有华丽的辞藻,也没有煽情的鼓动,但是这些文字却深深地打动了我,因为我从他的文字中读出了历史责任感。

　　可以肯定地说,周锡冰的时代责任感是不容争议的。在周锡冰看来,为中国企业的发展和延续做出一点微薄的贡献,这也是他对我们这个时代应担负的历史使命感和责任感。

　　可能有人认为周锡冰是小题大做,也可能有人认为周锡冰是在哗众取宠。但是,我要告诉大家的是,正是因为人们喜欢猜疑,才导致了只有少数人在宽广无边的旷野中呐喊,从而让更多的人沉默。

　　周锡冰的著作极有可能在备受争议的企业管理领域引发一次激烈的交锋,毕竟专业化和多元化犹如先有蛋还是先有鸡的争论一样。不过,这些争论的结果已经不再重要,因为周锡冰的著作无不体现作为一个财经作者的时代紧迫感和责任感,更令人钦佩的是周锡冰的这种特立独行的呐喊精神,这才是我写本序言的重要原因。

《商界·评论》资深记者　**周云成**

2015 年 9 月 20 日

自 序

　　事实证明，格力电器极速成长的奇迹，对传统工业来说，可以用"空前绝后"来形容，它正在创造中华民族的崭新历史，在世界上树立起中国企业的崭新形象，在中国创造着一个几乎不可能的企业神话。

　　当格力电器业绩一片飘红时，无论是竞争者，还是行业舆论，都在寻找格力电器成功的内在基因。格力电器为什么能够取得这样的成就？究其深层次原因是：

　　(1)格力电器坚持专业化。可以肯定地说，格力电器在中国企业中是一个另类，它不仅拒绝多元化，甚至还拒绝进入很多企业梦寐以求的房地产行业。

　　在多元化思维盛行的此刻，我来阐述专业化有些不合时宜。在中国机会遍地的时刻，谈论多元化和专业化模式，似乎有些多余。不过，值得欣慰的是，像格力电器这样的企业依然在坚持专业化道路。格力电器董事长董明珠向外宣布："我这辈子只做了一件事，我相信未来10年，格力依然会坚持走空调专业化的道路。专业化与我们的定位有关,也是'自断后路'的做法——我们只能成功,不能失败。"

董明珠的理由是:那些搞产品多样化的企业,某一类产品失败了,还有其他产品可以补进;但格力电器不行,如果空调做不好,消费者不买账,格力就会全盘皆输。

这是董明珠对外界质疑格力电器拒绝多元化发展的回应,也是董明珠对格力电器数万名员工吹响的号角,也是董明珠对格力电器未来 10 年,甚至是 20 年发展方向的宏伟规划。可以看出,专业化模式是格力电器成为行业冠军的法宝,这些充满智慧的经验值得那些热衷吹糠见米的中国企业家们反思和借鉴。

(2)独特的股份制销售公司渠道。在长期的市场实践中,董明珠不断创新这一套独特的经营方式,该方式被空调界同行及新闻媒体誉为"格力模式"。其独创性的区域销售公司模式还被经济界、管理界誉为"21 世纪经济领域的全新革命",被评为"广东省企业管理现代化优秀成果"。

(3)重视空调核心技术的研发。为了不断提高自主技术创新能力,格力电器每年投入技术研发的资金都超过销售收入的 3%,是中国空调业界技术投入费用最高的企业。目前,格力电器共有包括国外专家在内的研发人员 4000 多人,其中具有本科以上学历的研发人员高达 90%。格力电器还营造尊重知识和人才的科研环境,设立了科技进步奖,重奖科技功臣,单项奖奖金最高达到 100 万元。

(4)坚持肯吃亏、务实的"工业精神"。董明珠认为:"在制造业中,如果商业精神占据了主导地位,就会更富于投机性、短视性,就会产生更多的不正当竞争。这种状况会使企业的生存发展远离'工业精神',使得工业家们也像商人们一样行事,其结果必然是工业行为的短期化和商业化。"

（5）严格的产品质量控制。董明珠说，格力空调的质量标准是——保证用户"用到不想用为止"。"我们尽量不要售后服务，当然也不允许像汽车召回那样的赔礼道歉出现，我要求我的员工把精力集中在售中和售前。只有生产过程控制好，才能保证产品的质量，保证消费者的权益。"

（6）"先有市场，后建工厂"的国际化战略。在进军国际市场的道路上，与其他企业采取跨国并购策略不同的是，格力电器更多向国外输出自己的品牌，坚持"先有市场，后建工厂"的发展战略。即使是在全球金融危机之下，格力电器仍然坚持加大研发的投入力度，坚持自主品牌出口，不仅避免了在国际市场上完全受制于人的经营风险，而且以优良的品质提升了自主品牌的竞争力。

······

格力电器的成功，是一个团队的成功，凝聚了朱江洪、董明珠等一批格力电器人的心血和汗水。在格力电器的高速增长中，专业化战略、股份制销售公司渠道等功不可没，这都影响着中国空调业的商业模式的重建。

在中国企业 30 多年的生存和发展历程中，数以万计的明星企业起起伏伏、生生死死。实践证明，格力电器的成功，不仅可以证明专业化模式、"工业精神"、"股份制销售公司"策略等具有可行性，而且还可以给许多中国企业提供参考和借鉴，引领着更多的本土企业做强做大，走向海外。

众所周知，格力电器的确是中国企业界一颗闪耀的明星，格力电器的发展不仅仅影响着中国企业的管理模式，而且还为中国企业在战略选择、营销策略、品牌塑造、国际化等方面提供了一个成功的范例。

周锡冰

2015 年 9 月 10 日于北京

目录

Chapter 01
让销售终端呼唤炮火

Chapter 04
打造全球最高服务标准

Chapter 07

领导行业革命

Chapter

01 让销售终端
呼唤炮火

　　但凡研究中国企业的营销模式,格力电器的股份制销售模式都是一个不得不研究的范例。这个被经济界和管理界誉为"21世纪经济领域的全新革命"、被评为"广东省企业管理现代化优秀成果"的销售体系,至今依然活力十足,在后金融危机时代的今天依旧高歌猛进。

　　格力电器的销售模式获得如此的殊荣,足以说明格力电器模式在营销渠道中的颠覆性创新。那么,格力电器是如何开创股份制销售模式的呢?格力电器营销模式的优势在何处?在"互联网+"时代的今天,传统企业到底会走向何方呢?……

　　怀着和读者一样的好奇,我们团队带着诸多疑问采访了格力电器董事长董明珠。她回答说:"营销不是决定企业命运最重要的因素,不能被孤立起来神秘化,营销只是企业发展过程中的一个重要环节。依靠好的营销策略和队伍,可以使企业取得短暂的成功;但企业要想长盛不衰,甚至成为百年企业,必须将技术、质量、管理与营销有机结合起来,形成合力。"

　　在董明珠看来,只有把技术、质量、管理与营销有机结合起来,才能真正地颠覆传统的营销模式。正是基于这样的理念,格力电器才在家电行业掀起了一场又一场的营销革命风暴。

优质产品是营销的前提

对于任何一个企业而言,再好的营销渠道都必须凭借优质的产品,才能赢得消费者的认可。这就意味着质量过硬的产品加上独特的营销渠道,才能构建最好的营销模式。因此,在接受媒体采访时,格力电器前董事长朱江洪毫不讳言:"格力电器的营销模式是别人学不来的,格力的营销模式给予了格力非常好的销售渠道,并结识了一批非常忠诚的销售商。但是,营销救企业的时代已经过去了,现在是科技救企业的时代。在过去,营销为王,是因为当时的供应紧张,是买方市场;但是现在,已经跃过产品紧缺时代,是产品非常丰富的卖方市场,营销的效果已经大打折扣。"①在朱江洪看来,只有优质的产品加上渠道,才能支撑起格力电器的营销模式。

营销拯救企业的时代已经过去

自 20 世纪 90 年代以来,营销的作用被成千上万的中国企业无限夸大:有些企业因为制造某一营销概念而一夜闻名华夏大地;有的企业因为擅长广告创意而名声大振;有的企业因为制造噱头,一时赚得盆满钵溢……可能读者会问:站在企业的角度来看,在这样的镀金时代,营销是不是比科技创新更为重要呢?

①　唐频辉. 对话朱江洪:较真出来的核心技术才是格力的脊梁[EB/OL]. 2014. http://money. rednet. cn/c/2012/02/23/2525225. htm.

格力电器前董事长朱江洪给出的答案是否定的。朱江洪认为，在产品过剩时代的企业丛林中，营销救企业的"神话"早已过去，只有科学技术才能挽救企业，才能保证企业的生存和发展，才能在与实力雄厚的跨国企业竞争中幸存下来。

在如今这个营销作用被无限夸大的时代，朱江洪如此的看法，究竟是怎么形成的呢？朱江洪是这样解释的："对一个企业来讲，销售已经形成了一种完善的销售渠道，接下来就看你的产品有没有竞争力，经销商跟你关系再铁、再哥们、再好，最终你要让产品销得了才行！你的产品消费者很喜欢，争着买，这样才行。出去说我有很好的销售商，很铁，怎么样，但是你给了他，他卖不掉，他还是要离你而去。所以，企业好不好最终体现在产品上，体现在技术跟质量上。"

朱江洪坦言，格力电器的成功主要来自两个方面：一是技术的成功；二是营销模式的成功。朱江洪之所以把技术创新放在格力电器成功的首位，不仅源于朱江洪的教育背景，更基于格力电器在发展过程中曾遭遇的诸多挫折和磨难。

公开的资料显示：朱江洪，男，广东新会人，1945 年 11 月出生于珠海，1970 年毕业于华南理工大学机械系。1992 年，格力电器公司组建时，朱江洪出任总经理，2001 年 4 月至 2012 年 5 月担任格力电器公司董事长。

从这份简短的履历中，不难解释机械专业毕业的朱江洪为何会始终坚信，"科技改变企业命运"。在 20 世纪 90 年代初，刚组建的格力电器，跟中国如今大多数创业企业一样，不仅生产规模较小，而且还处于"无技术、无管理、无质量"的"三无"发展阶段。

我们可以想象得出，时任总经理的朱江洪，率领团队成功地推销格力产品无疑是一件非常艰难的事情。由于质量问题，格力曾多次遭到客户的投诉。

2001年,为了攻克空调核心技术的难题,朱江洪决定,带领格力电器技术团队东渡日本,考察日本企业,同时冀望与日本空调企业合作。这样的想法虽然很丰满,但是现实却很骨感。日本空调企业以"连散件也不卖"回绝了朱江洪。这样的打击不得不让朱江洪重新思考格力电器的未来。

购买技术的路无法走通,朱江洪寝食难安地度过了一段漫长的时间。在接受媒体采访时,朱江洪说道:"我的危机感一向很重,可能有些人觉得没什么,但我要对格力负责。"

经过一番慎重考虑之后,朱江洪再次按下了格力电器的发展规划按钮。既然日本空调企业拒绝向格力电器出售空调核心技术,那么自主研发已经成为无奈的、不得不选择的唯一道路。为了不断提高格力电器的自主技术创新能力,格力每年投入技术研发的资金都超过销售收入的3%。格力电器已经成为中国内地空调业技术投入费用最高的企业。

格力电器不仅投入巨额的研发费用,同时还招兵买马,壮大自身的研发团队规模。据《人民日报》2007年的报道称,格力电器共有包括国外专家在内的研发人员4000多人,其中本科以上的研发人员占比高达90%。格力电器还营造尊重知识和人才的科研环境,设立了科技进步奖,重奖科技功臣,单项奖奖金最高达到100万元。① 经过多年的发展,格力电器的研发团队规模更是翻了好几倍。

对此,朱江洪说:"我们每年将大量的资金投入到科技创新方面,几千个科技人员、几个研究院、几十个研究所。我两年前曾提出,企业必须要成为科研的中坚力量,因为企业有很多优势。第一,企业有钱。第二,

---

① 原国锋.格力:要做世界最好的空调(品牌背后的故事)[N].人民日报,2007-01-29.

企业机制灵活。这主要是对科技人员的奖励机制，企业想怎么奖就怎么奖，想奖多少就奖多少。第三，企业对科技创新有一股冲劲，有积极性。因为创新跟它自己的命运息息相关，企业不搞科研就会遭到淘汰。这种积极性，比任何国家、大专院校都强，更重要的是，它进行的是针对性的科研，有一点潜力的研究成果立即就能转化为生产力，而不是大专院校搞一点东西，写篇论文就放在抽屉里面，转化率很低的。"

作为格力电器的开拓者，朱江洪崇尚技术，重视技术。而接棒者、现任董事长董明珠同样继承了朱江洪重视核心技术的理念。在董明珠看来，科技才是改变企业命运的关键因素，营销不过是一个服务工具而已。

在接受媒体采访时，董明珠说："很多人说，董明珠是搞营销出身的，怎么这么注重技术？我觉得一个企业的发展很多人的落脚点都是在营销上，营销当然是必不可少的，但是营销是一个服务工具。如果你本末倒置，把真正的产品和技术核心摆在第二位，这个企业是没有希望的，你对消费者也是不负责任的。营销做得好，但是产品质量不好，营销就是骗术。营销永远是服务于市场的，也就是通过服务把好产品送到消费者手上的过程——我就是这么理解的。从 2001 年当了总裁以后，我所关注的企业核心竞争力就是技术的开发、人才的培养。格力电器有两个很好的团队，一个技术团队、一个管理团队，我认为这两个团队可以保证我们企业成为百年企业，我们把这个基础打得很牢。"

董明珠强调，在如今的时代，营销虽然很重要，但是格力电器作为企业，必须讲诚信，因为诚信是营销的基础，不能"忽悠"消费者。在接受媒体采访时，董明珠说："今天我提出三个新的口号——'我的岗位我负责任''我的岗位请放心''我的岗位无差错'。用这三句话让每个员工都知道，在制造的过程中，我们个人的命运和企业的命运是相关的，企业的命运是和消费者相关的，消费者满意了，企业命运就好了。这一点深深铭刻在我们的头脑里。我们一定要把消费者真正当成我们的上帝,不能光嘴上喊消费者是我们的上帝。我们企业的承诺也要兑现,不能再'忽悠'消费者了。在今天物资这么丰富的时代还不讲诚信,那肯定是不行的。"

其实,格力电器的营销模式是被誉为"21世纪经济领域的全新营销模式":以资产为纽带,以品牌为旗帜,由厂方出面并控股,把一个区域内的多家大户捏合在一起,成立一家专营格力这一单一品牌的股份制销售公司,厂方在该区域的一切市场开拓、管理和服务工作均通过该销售公司来实现。[①]

产品功能设计尽可能简约化

对任何一个企业而言,即使拥有一个完整的营销体系,过硬的产品仍然是居于首位的。究其原因,没有过硬的产品,一切都无从谈起,包括营销。

在20世纪90年代,一些企业经营者利用商品的某些特性过分夸大其性能,炒作概念,结果却因为没有产品质量作为支撑,企业最终夭折。这样的企业可以说是举不胜举。

那么,怎样的产品才称得上是好的产品、畅销的产品呢?现代市场营销理论认为,产品整体概念包含核心产品、有形产品、附加产品,以及心理产品四个层次。

图1-1中显示,产品的整体构成包括核心产品、有形产品、附加产品,以及心理产品。对此,美国学者西奥多·莱维特(Theodore Levitt)曾经撰文指出:"新的竞争不是发生在各个公司的工厂生产什么产品,而

---

① 唐频辉. 对话朱江洪:较真出来的核心技术才是格力的脊梁[EB/OL]. 2014. http://money. rednet.cn/c/2012/02/23/2525225. htm.

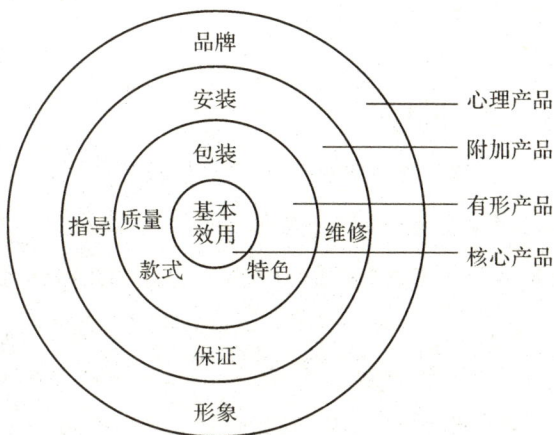

图 1-1　产品的四个层次

是发生在其产品能提供何种附加利益(如包装、服务、广告、顾客咨询、融资、送货、仓储及具有其他价值的形式)。"

在西奥多·莱维特看来,产品比营销更为重要。但是在"销售至上"的中国家电行业,"营销短视症"无处不在。然而,格力电器的董明珠却认为,把营销当成企业发展最重要的因素,甚至看成是企业至高无上的东西,这是人们认识上的一个误区。结合格力电器的发展历程,董明珠认为,产品比营销更重要,没有优质的产品做后盾,营销只能是一句空话。

不可否认的是,营销是企业经营中的一个重要环节,但是企业要取得成功,最重要的是依靠企业在技术创新和产品品质上的优势,依靠企业生产制造、技术研究开发、内部管理等各个环节、各个部门的和谐统一与默契配合。因此,对于任何一个企业来说,产品都是市场营销组合中的首要要素,因为产品是市场营销活动的中介,只有通过产品,生产者和消费者之间才能实现交换的目的;同时,企业只有提供满足消费者需求的产品和服务,才能实现获取利润的目标。所以,优质的产品是营销工作得以正常进行的前提和保证。这就是为什么格力电器自始至终将产品品质摆在首位的关键原因。

格力空调把这种思想体现在产品的营销策略当中。擅长营销的董明珠认为,格力电器只有坚持"优质的产品才是最好的服务"的营销策略,才能真正地研发出更好的产品。这种产品营销策略体现在以下四个方面:

第一,功能简约化。在格力电器设计中,尽可能地把功能简约化。格力电器认为,"空调"就是"空气调节器",清新空气、制冷制热是其主要的功能,绝对不炒作其他各种概念。因此,格力电器在设计空调产品时,将那些不必要的附加功能全部取消。这样的设计思想既降低了格力电器空调产品的生产成本,又给消费者带来了实惠,还容易赢得消费者的认可和支持。

第二,技术实用,质量可靠。不可否认,消费者购买空调产品,非常在意空调本身的产品质量。现在空调产品非常普及,用户肯定不希望在炎热的夏天、寒冷的严冬自己的空调突发故障。针对消费者的诉求,格力电器始终坚持采用适合我国实情的技术,生产出质量可靠的高品质产品。由于部分地区的电网不太稳定,格力电器最先推出了变频空调。在2003年中国内地60多个主要空调品牌的一次功率测试中,达到国家标准的空调品牌仅有5家,格力电器作为仅有的两家国产品牌入围。所以,格力管理层认为,优质的产品是格力电器称霸市场的一个重要因素。

第三,外观改变,电控通用。在设计产品时,格力电器在外观上改变其空调的样式,同时设计出电控通用的空调产品。这样的产品策略不仅能保证产品的质量,同时还方便格力电器的售后服务。一旦格力空调发生故障,其售后人员能快速更换通用电控,让消费者更加满意。

第四,精益求精,寻求更"简单"的方式。在设计产品时,格力电器的产品设计思路是进一步"简单化",甚至打算将附件箱(一套新空调包括室内机、室外机和附件三部分,都用一个纸箱包装)也放入室内机包装箱中,从而进一步"简化"格力电器的空调产品。

好空调才有好销路

当今世界,一个企业要想在企业竞争的丛林中立于不败之地,一个重要的因素就是其拥有质量过硬的产品。如果一个企业不注重产品质量,那么后果是不堪设想的。试想一个企业对产品质量的把关不严格,就可能会生产出不合格的产品,一旦这些问题产品投入市场,无疑就会损害消费者的利益。一旦问题产品被媒体集中曝光,企业形象很可能就会一落千丈,产品滞销也就在所难免了。

在销售和宣传中,格力电器始终以品质和科技为号召来占领空调市场,在宣传炒作方面一直都很含蓄和低调。对此,时任四川新兴格力销售公司总经理喻筦在接受采访时坦言:"格力电器强势启动自己产品宣传,那就是以品质和信誉赢得众多消费者的认可,在空调市场上发出自己的声音,从而赢得消费者的认同。"

在喻筦看来,只有品质和信誉才能赢得众多消费者的认可。众所周知,在格力电器中,不管是高层领导还是一线员工,都非常重视产品质量,把质量作为第一要务,把"质量第一"作为格力电器的企业核心价值观。

正是因为格力电器把质量当作生命,格力电器成为百年企业的根基才会牢靠。在"追求完美质量,创立国际品牌,打造百年企业"质量方针的指引下,格力电器明确提出了"打造精品企业,制造精品产品,创立精品品牌"的战略思想,坚持实施"精品战略",在广大消费者中形成了"好空调,格力造""买品质,选格力"的良好口碑。正是因为这样的产品思想,格力才在营销上取得令人瞩目的业绩。

据格力电器2015年4月30日发布的2015年第一季度业绩报告显示:格力电器2015年第一季度实现营业收入245.03亿元,同比下降0.66%;2015年第一季度实现净利润27.75亿元,同比增长23.09%。

从这组数据中不难看出,格力电器2015年第一季度营业额依旧保持平稳上升趋势,利润也保持大幅度的增长。格力空调逆势增长的原因不单在生产规模、渠道、营销以及知名品牌的号召力方面,真正的法宝是生产质量过硬的空调产品。

可以肯定地说,质量是格力电器在后金融危机时代取得喜人业绩的关键。这主要是因为格力电器集中在产品品质上下功夫,相反在终端和渠道上格力电器却低调得多。喻筵介绍说:"在消费者日益注重品牌的今天,有了强大的品牌拉力,产品销售自然会随之提升,这是水到渠成的事。注重品牌品质已让格力电器取得了非常骄人的业绩,除了在零售卖场销售红火,格力电器还将大宗集团采购市场近70%的份额收入囊中。"

正是基于对自身产品质量的保证,格力电器多次在业内掀起服务升级革命。早在2005年,格力电器曾率先在业内倡导"空调整机六年免费包修";2011年,格力再次走在行业前列,率先承诺"变频空调一年免费包换",树立新的行业服务标杆,引发同行的再次跟进,推动中国空调产业服务升级。[①]

在这多次革命中,董明珠坦言:"格力电器之所以敢开行业先河,率先做出'一年免费包换'的质量承诺,是源于对我们技术实力和产品质量

---

① 张劢.格力电器获评全国质量工作先进单位[N].东方今报,2011-09-30.

的绝对自信。"

格力电器的产品保证,不仅是格力电器百年的承诺,也是闪闪发光的"格力"二字的真正内涵。如今,格力空调已成为全球消费者认可的高质量、信得过的品牌产品。

格力正是凭借质量过硬,从一个亏损严重的小企业,逐步发展成为全球领先、国际知名的家电企业,格力空调成功扭转了"中国制造"低质低价的传统形象,赢得了在世界空调业界的话语权,成为从"中国制造"走向"中国创造"的典范。[①]

董明珠坦言,品质是格力电器成为世界品牌的决定性因素。在很多场合下,董明珠都强调,不管是过去、现在还是将来,消费者买产品,其实买的就是技术和品质。一个企业要实现可持续的长远发展,关键还是要依靠技术创新。只有掌握了核心技术,才能在激烈的市场竞争中立于不败之地。

保障经销商的合理利润

19世纪,英国首相亨利·约翰·坦普尔·帕麦斯顿(Henry John Temple Palmerston)把"没有永远的朋友,只有永远的利益"作为英国外交的立国之本。在这样的思想指导下,英国成为世界上非常强大的国家,被称为"日不落帝国"。

在如今的厂家与经销商的博弈中,"没有永远的朋友,只有永远的利

---

① 张勐.格力电器获评全国质量工作先进单位[N].东方今报,2011-09-30.

益"这条法则依然适用。谁也无法否认,追逐利益是人的本性。尽管如此,格力电器在发展的过程中打破了营销的"囚徒困境",在保证自己发展和壮大的同时,坚持尽可能地保障经销商的合理利润空间。

格力电器的做法极大地激发了经销商的销售积极性,使得格力电器的渠道模式更加稳固。在与国美电器和苏宁电器的交锋中,董明珠都敢于说"不",这其中就与拥有较高忠诚度的经销商有关。试想一下,如果没有可控的渠道,格力电器所生产的空调该如何销售呢?这样的博弈值得中国企业学习。

"淡季贴息返利"

保障经销商的合理利润,特别是让经销商觉得有利可图,这样才能提升经销商对生产企业的忠诚度。当然,生产企业保证经销商的合理利益可以让产品能够长销、畅销,还可以有效地阻隔竞争者,形成竞争者无法突破的市场壁垒。

格力电器在发展过程中,首创"淡季贴息返利"和"年终返利"政策,其目的是为了更好地激活经销商的销售积极性。当然,制定"淡季贴息返利"和"年终返利"政策源于格力电器的发展,同时也离不开格力电器的两任"船长":一任是前董事长朱江洪,另一任则是由业务员起步、最终成为现任格力电器董事长的董明珠。

董明珠,1954 年出生于江苏南京,1975 年在南京一家化工研究所从事行政管理工作。1990 年,董明珠毅然辞去"铁饭碗"工作,南下打工。

此时,董明珠已经 36 岁,加盟格力电器时,其职务是基层业务员。然而,此时的董明珠根本就不知道营销是如何做的。不过,她却凭借坚毅和死缠烂打,40 天追讨回前任业务员留下的 42 万元债款,令时任总经理朱江洪刮目相看。这个故事后来成为中国营销界茶余饭后的经典励志案例。

不仅如此,董明珠的创业传奇才刚刚开始。凭借勤奋和诚恳,董明珠不断地创造着格力电器的销售神话,个人销售额曾经飙升至 3650 万元。1994 年,董明珠被提拔为格力电器经营部部长。

董明珠的成长也见证了格力电器的发展。格力电器的创业历史可以追溯到 1989 年,其前身是珠海空调器总厂,1991 年更名为"珠海格力电器股份有限公司"。

1991 年,格力电器规模不大,实力也相对较弱。为了寻求突破,格力实施"以农村包围城市"的战略,在当时强势品牌"春兰""华宝"等企业影响力和覆盖力较弱的地区,如皖、浙、赣、湘、桂、豫、冀等省,建立了自己的"根据地"。

在初创时期,格力电器采用跟随战略,其运用的渠道模式与春兰等企业类似,具体做法是:重点经营专卖店,通过良好的售后服务来赢得消费者的认可。

在当时,很少有企业涉足售后服务,格力电器正是凭借这一服务策略,赢得了第一个黄金发展时期。在 1994 年,格力电器生产的空调产销量已经跃居中国内地第二名。此阶段的格力电器,尽管高速发展,但是销售渠道却非常混乱。

20 世纪 90 年代初,拖欠货款问题在中国零售批发行业普遍存在,这让成千上万的生产企业头疼不已。在这样的背景下,即 1994 年年底,董明珠出任格力电器经营部部长。一上任,董明珠就对当时销售管理混乱的状况,进行了大刀阔斧的改革。

在营销方法的探索和实践上,董明珠一直拥有超前的眼光,走在竞争对手的前列。1994 年以来,格力电器先后在家电行业首创"淡季贴息返利"和"年终返利"政策。所谓"淡季贴息返利"策略是指,在销售淡季,产品的出货价格较销售旺季而言要低一些,经销商在销售淡季向格力打款不但可以拿到有竞争力的价位,而且淡季打款旺季提货也享受淡季优惠价。同时,在处于淡季的 6 个月中,不同月份的定价又有所不同,9 月份的价最低,然后逐月上调,直至 3 月 1 日实行旺季价格。[①]

一般而言,空调在销售的淡季(9 月到次年 3 月)和旺季(4 月到 8月),其价格是不相同的,淡季比旺季的价格要低 2 个万分点。为了鼓励经销商淡季回款,格力电器在 1995 年年初就开始实施"淡季让利"的销售政策,即"淡季让利,提货越早,让利越多,淡旺挂钩"。不仅如此,格力电器还按照银行利息返利给经销商,保证经销商即使在较长一段时间内卖不掉也不会吃大亏。

格力电器这一销售政策极大地吸引了经销商淡季投入资金的热情,既解决了格力电器淡季生产的资金问题,又缓解了旺季供货的压力。究其原因是,空调产品的销售季节性较强,加上空调产品本身的体积较大,空调厂家保持大量库存无疑有较大难度。没有经销商的积极参与,空调企业淡季检修,就算在旺季 24 小时加班加点也可不能生产出大量的产品,且质量难以保证。因此,对空调厂家而言,经销商淡季回款的意义尤为重要。

"年终返利"与"走过的地方不长草"

在很多媒体的报道中,时常用"走过的地方不长草"来形容董明珠。这主要是因为在销售商至上的家电行业,董明珠一直高举着"先打款再

---

① 张诗信. 格力的营销经验［EB/OL］. 2014. http://blog. sina. com. cn/s/blog _ 5d2268010100b0kh. html.

出货"强硬风格的大旗。正是凭借这样的风格,董明珠用每年 400 万元的销售成本,创造了 100 亿元销售额的业绩。

尽管这样的说法显得董明珠过于强势,不符合公众认为女性惯用的较为温婉的领导风格,但是在强势背后,董明珠却有着自己的理解。在很多场合,董明珠都坦言:"厂商之间是一个平等合作、互利互惠的关系。厂家有权选择销售商,销售商也有权选择厂家。每个企业的经营思路不同,做出的决策也就不同,营销模式自然而然也就不一样。不能说哪一种好哪一种坏,关键是靠业绩来证明。"

在董明珠看来,在选择经销商的同时,还必须保障商家的合理利润空间,这样双方才能更好地合作。在这样的认识下,上任后的董明珠深知,只有保证经销商的利润空间,他们才会更加卖命地销售格力空调。为此,1995 年,格力电器决定实行"年终返利"政策,将 7000 万元利润返还给格力电器的经销商。

所谓"年终返利",就是淡季贴息返利、年终返利,甚至不定期返利,这一政策不仅保证了经销商的利润空间,同时也维系了经销商的黏性。在国外的营销渠道中,经销商赚取的纯粹是差价,而格力电器的经销商不仅有差价,还有返利。

格力电器实施返利政策后,立即得到了经销商的大力拥护。在经销商看来,销售格力空调就等于让资金进了保险箱,不会亏本。

格力电器为什么要实施返利政策?究其原因是,1996 年,在空调淡季中,格力电器凭借淡季返利政策,收到 15 亿元的销售预付回款。

一些空调企业为了在淡季促进销售,采取价格战,这也是中国内地第一次空调价格战。在价格战中,一些空调品牌为了抢占市场份额,纷纷降价,有的品牌空调零售价甚至低于批发价,批发价低于出厂价。这样的价格战使得整个空调销售狼烟四起,火药味十足。

面对空调业如此恶性的竞争,董明珠立即下令,格力电器拒绝价格战,一分钱也不能降。到了1996年8月31日,为了弥补经销商的损失,格力电器高调宣布,将拿出1亿元利润的2%按销售额比例补贴给格力电器的经销商。

董明珠认为,经销商只有经销格力空调赚钱,才能实现长期合作共赢。董明珠不仅将紧俏空调品种平均分配,避免大经销商垄断货源,扰乱市场,同时还推出了空调机身份证,使每台空调都在营销部备案。为此,格力不仅把缩小营销队伍省下的钱补给了经销商,1997年还拿出2.5亿元返还给经销商。

就这样,格力电器度过了中国内地空调业最困难的1996年。格力电器通过实施"淡季返利"政策,使销售额增长了17%,首次超过行业标杆——春兰,成为中国内地的空调销售冠军。

善待经销商

格力电器之所以能够成为空调行业的销售冠军、赢得市场的根本秘密,是让经销商能够赚取到合理的利润。格力电器的销售政策,既要维护经销商的利益,又要善待经销商,这就是格力电器能够得到市场认可的原因。如格力电器实施的淡季返利政策,就是善待经销商的一个最好例证。正如董明珠所言:"厂、商合作要有一个平等的地位,不能厂家高于商家,也不能商家高于厂家。"

董明珠认为,要端正厂、商合作的态度,因为厂、商的目标是一致的,都是靠市场创造效益。在与国美电器的交锋中,董明珠更是拒绝给国美供货,态度非常强硬。

在接受媒体采访时,董明珠坦言:"我从来不认为一些连锁巨头是什么家电大鳄。大鳄是要吃人的,是不能与他人共生存的,这也与构建和谐社会的要求相违背。流通企业应当履行其在流通领域的责任,更好地体现衔接上游制造业和下游消费者终端的服务功能。疯狂地促销只能让厂家陷入'价格战',而厂家只能通过偷工减料敷衍消费者。格力从不参与'价格战',却从当初 2 万台的年销量发展到 2006 年 1300 万台的销量、230 亿元的销售额。这就证明,企业只要本着对消费者负责的态度,融入创新精神,就会越走越好。"

在跟商家打交道的过程中,董明珠往往开始时把话说得比较重,用"先小人后君子"的方式把原则定下来,一旦真合作起来后,就一如既往,以商家为中心。这种方式原则上寸步不让,但具体操作过程中的细节处理又不乏人情味。①

董明珠认为,格力电器这样做既不"客大欺厂",也不"厂大欺客",厂、商平等合作,把靠市场创造效益作为一致的目标。这些都是格力电器与经销商"博弈"的基本游戏现则。

反思格力电器的销售政策,我们不难看出,格力电器既善待经销商,又提升了经销商的忠诚度,同时也解决了格力电器的棘手问题。在这里,我们就以"淡季返利"为例来说明。

1995 年,为了保障经销商的利润空间,董明珠制定了"淡季返利"政策,即依据经销商淡季投入的资金数量,给予相应的利益返还。这样一来,把"钱—货"关系变成"钱—利"关系,既解决了制造商淡季生产资金短缺,又缓解了旺季供货压力。1995 年,格力淡季回款比 1994 年增加3.4 倍,达到 11 亿元。② 这样的业绩为格力电器 1996 年超越春兰空调

---

① 董明珠.棋行天下[M].广州:花城出版社,2000.
② 东方财富网.董明珠的故事[EB/OL].2014. http://blog.eastmoney.com/ts1100/blog_160846805.html.

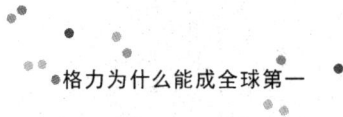

打下了基础。

格力电器实施"淡季返利"政策,不仅刺激了经销商淡季的订货,保障了商家的合理利润空间,同时也收到了"一石四鸟"的效果,具体见表1-1。

表1-1 "淡季返利"政策的四种效果

内 容
(1) 解决了格力电器淡季生产资金短缺的问题;
(2) 缓解了格力电器旺季供货的压力;
(3) 调动了大批的经销商积极推销格力空调的热情;
(4) 格力电器一举确立了自身在销售领域的竞争优势。

不仅如此,在善待经销商上,格力电器在1995年还实施了"年终返利"政策,极大地激活了经销商的热情和干劲。

让销售终端呼唤炮火

在中国空调行业中,渠道依然左右着空调企业的销售业绩。渠道资源不仅需要产品质量、资金、品牌等因素来维护,甚至成为众多品牌企业争夺的对象。通常,在任何一个渠道营销体系中,掌握渠道话语权的企业将更具竞争优势。因为,谁掌握渠道话语权,谁就具有谈判优势。正是因为格力电器拥有较强的渠道话语权,所以格力电器才敢对国美、苏宁说"不"。这不仅需要自身的实力作后盾,更需符合自身的销售模式,因为渠道模式取决于市场需求。

成立"股份制销售公司"

在中国家电行业的丛林中,各个家电企业为了抢占市场份额,都使出自己的拿手绝招来逐鹿群雄。在这样的背景之下,格力电器为了更好地生存和发展,不仅特立独行地坚持专业化经营,而且还坚持多元化渠道合作。特别是率先成立的"股份制销售公司"模式,已经成为格力电器稳健发展、个性十足的亮点,甚至从某种意义上讲,这一模式在生产制造企业之间、厂商合作之间具有了"标杆"的作用。[1]

格力电器创建的"股份制销售公司"渠道模式之所以成为生产制造企业研究的重点,是因为格力电器独特的"股份制区域销售公司"模式。该渠道模式通过相对清晰的股份制产权关系,既解决了生产企业和经销商创造利益和分享利益的问题,又有效地发挥了各区域经销商的积极性。优点主要有如下两个:(1)在业务方面,在各地成立的销售公司仅仅是格力电器的一个营销部门而已,其业务受格力电器总部的管理;(2)在形式方面,在各地成立的销售公司,具有独立法人资格,这就意味着销售公司是一个产权非常明晰的企业,给销售公司提供了一个良性的产权激励机制。

品牌和市场由格力电器提供给销售公司,并对销售公司实施监督。其他权力一律下放给销售公司,销售公司具有很大的自主权,比如可以自主地制定价格和销售政策。这样,就培养了各经销商对格力品牌的忠诚度,统一了价格体系,相互之间真正成了利益的共同体。[2]

如今的"股份制销售公司"模式已经成功地证明了其可行性,不过在20世纪90年代,这样的渠道变革也是在尝试和摸索之中。

---

[1][2]　庞亚辉.格力渠道蝶变[J].中国商业评论.2006(1).

1996 年,在湖北市场,格力电器的原四个空调批发大客户的业绩相对稳定。但是同年,空调厂家挑起了"空调大战",这四个空调批发大客户为了抢占更多的市场份额,竞相降价、窜货、恶性竞争。这样的行为无疑冲乱了格力空调的市场价格,经销商和厂家利益都受到了严重的损害。

为了解决竞相降价、窜货、恶性竞争问题,董明珠曾多次亲临湖北,甚至还参与湖北大经销商的销售。1997 年年底,董明珠提出联合创建"股份制销售公司"的设想,没想到这个大胆的设想竟然与湖北经销商的要求不谋而合。就这样,"湖北格力空调销售公司"在 1997 年 12 月 20日正式创建。

销售公司的实质是以资产为纽带、以格力品牌为旗帜、互利双赢的经济联合体。这种以股份制组成的销售公司的模式特点是,统一渠道、统一网络、统一市场、统一服务,开辟了独具一格的专业化销售道路,统一价格对外批货,共同开拓市场。① 其具体的组织结构如图 1-2 所示。

在中国内地,格力电器几乎在每个省都与当地经销商合资创建了销售公司,格力电器为该销售公司的大股东,董事长由格力电器委派,而销售公司总经理则由参股经销商共同推举。

在利润分配方面,各经销商的利润来源不是批零差价,而是合资公司的利润分红。省级合资公司的毛利水平最高可达到 10% 以上。② 在创建销售公司时,入股的经销商必须是当地的空调销售大户,而且销售格力电器产品 70% 以上。

---

① 庞亚辉.格力渠道蝶变[J].中国商业评论.2006(1).
② 李文宁.空调行业销售渠道模式解析(下)[EB/OL].2014. http://www.tonglukuaijian.com/observe/showObserve_1064.html.

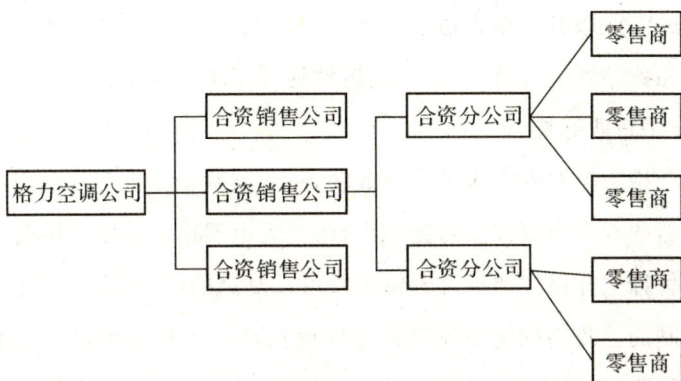

图 1-2　格力电器渠道模式的组织结构

着力专卖店的建设

在中国空调行业中，不管是海尔、美的，还是格力电器，在渠道模式上都拥有较强的自主性。相比来看，格力电器更致力于自建渠道，以设置专卖店、电子商务等直销方式为主来销售产品。

多年以来，格力电器保留了独特的销售渠道。从发展的趋势来分析，渠道结构已经呈现扁平化趋势发展。当海尔、美的等众多空调品牌都在加大力度与家电专业连锁渠道通力合作时，格力电器却另辟蹊径，加大自己独特的销售渠道来拓展二、三级市场的市场份额。

据公开的资料显示，90％的格力空调都是通过专卖店、家电连锁、大卖场等零售终端销售给消费者的，而大型家电连锁的销售量在格力电器的总销售量中，仅仅分到很少的一部分。①

据统计数据显示，格力电器已经在全国拥有 10000 家专卖店、20000家销售网点、9000 家售后服务网点，消费者在全国任何地方都可以享受

---

① 　豆丁网.格力案例[EB/OL].2014.http://www.doc88.com/p-1478745525029.html.

到格力的专业服务。格力通过专卖店的渠道模式,不仅稳固了自己国内空调业领跑品牌的优势地位,还创造性地开拓出自建销售渠道的成功模式,树立了行业标杆。

由于格力电器专卖店模式的成功,一些空调企业也开始套用或复制格力电器的专卖店模式。对此,前河南格力电器市场营销有限公司总经理助理付耀东介绍:"如果说营销手段可以复制的话,那么渠道创新则是不可复制的。我们的优势最终也是体现在经过十年的积累产生的经验上,这不是一时半会儿可以模仿的。不同的品牌有不同的内涵和企业文化,格力的企业文化就是引导消费理念,就是'一加一等于零':一流品质的产品加上一流的安装服务,等于你使用零烦恼。这也是格力倡导的当代工业精神。所以说,你想让它完全相同,确实是不可能的,就像双胞胎还会有性格上的差异一样。其实十年来,这个经营模式和企业文化在不断地更新、发展,专业经销商的队伍越来越壮大,越走越健康,现有的经销商越走越有信心。"

在付耀东看来,在选择销售模式时,不能随便套用格力电器的专卖店模式,因为"格力模式已走过了十多年的长路,从空调的诞生直到今天,格力以它无限生命力,奠定了自己在中国空调业的霸主地位。这说明格力电器在中国空调产业中的实力和地位,特别是其经过了风雨仍能保持强大的生命力,更是叫人惊叹不已。2006年,由于各种因素,众多空调企业亏损,甚至不得不走上了兼并或者死亡的道路,格力电器则不仅盈利,而且盈利的稳定性还较高,现在谁又能阻止它的脚步呢"?

在中国其他空调企业中,与格力电器相比,海尔渠道略显多元化,主要是百货店和零售店,海尔工贸有限公司相当于总代理商。针对三、四级市场,海尔有自己的家电连锁日日顺电器。美的销售模式则是使原有的区域销售中心转型为销售公司。①

家电行业专家刘步尘认为,在格力、海尔、美的的电器销售渠道中,特点比较明显的还是格力电器。在格力电器,董明珠身兼三职并直接管理销售团队,中间不设副总裁,而格力电器3个副总裁中就有2个副总裁,以及5个总裁助理全部负责工厂和技术。

刘步尘坦言,这种扁平化的管理方式让格力营销团队效率更高。稳定的渠道模式以及庞大的专卖店网络,使得格力渠道优势得到了充分的发挥。目前,格力90%以上的空调产品都是通过自己的专卖店和零售终端卖给消费者的。②

强化自建渠道模式

在中国空调行业中,格力电器不仅重视科技的研发,同时还强调自建渠道模式的可控性。客观地讲,在自建渠道的传统制造企业中,格力电器是当之无愧的典范。数据显示,格力电器在全球范围内建立了近10000家专卖店,其中国内7000家,国外3000家。③ 正是一度被业界誉为制胜法宝的区域股份制销售公司模式,为格力电器的业绩提供了保证。

不可否认,格力电器的自建渠道不仅掌控着终端的销售市场,还在很大程度上控制着供应链终端。最近10多年来,中国家电连锁企业频频实行并购。以国美为例,先是并购了永乐电器,合并后的市场份额占全国家电零售市场的比例最高不会超过12%,但在家电连锁企业中的比例已超过了50%。后来国美电器并购了大中,日渐形成寡头垄断的

---

①② 崔婧.渠道模式是格力成功利器[J].中国经济和信息化,2012(10).
③ 马红霞.格力营销渠道模式解析[J].中国商界.2010(7).

家电渠道销售格局。

为了减少对家电连锁的依赖,格力电器一方面与家电连锁企业、大卖场、超市合作;另一方面,偏重于自建渠道,在二级管理机构销售公司的支持下,全力发展专卖店。

在中国家电行业中,自建渠道的尝试从来就没有停止过。2004年,在格力电器和国美电器的博弈之后,部分家电生产企业不约而同地开始重新自建销售渠道。如TCL、美的、格兰仕等知名家电生产企业,为了更好地抢占市场份额,纷纷表示要在三、四级市场发展自己的专营店,且数量都在数百家以上。

这一轮自建渠道的发展趋势,源于家电企业对增强渠道控制能力的诉求。不过,自建渠道容易,维护自建渠道却很难。对于任何一个企业而言,都必须重视渠道的利润分配,正所谓"天下熙熙皆为利来,天下攘攘皆为利往"。由于诸多原因,一些空调企业也曾走过自建渠道的道路,但最终无奈地以失败而告终;近几年来,不像格力电器的渠道能够保证良好的业绩,有些企业因为自建渠道维护不易又开始重走旧路,比如TCL。

在2005年,TCL决定自建渠道,投资2亿元,成立幸福树电器连锁有限公司。第一家分店就开在位于河北的沧州。

当初,TCL的开店计划是,在3年时间里,幸福树的开店达到3000家。TCL对幸福树家电连锁的定位是,成为以特许加盟为主要形式、面向广阔的中国农村三、四级市场的家电零售企业。

管理专家撰文指出,幸福树电器采用"加盟+三、四级市场"发展模式简单地说有以下两个原因:第一,一、二线城市留给家电生产企业的渠道发展空间已经非常小,三、四线城市仍有市场的空白,而三、四线城市市场电器消费总额占到全国的47%,连锁占有率几乎为零,市场容量巨大;第二,由于自身的资源有限,加盟连锁这种形式充分利用了市场上的渠道资源,能将三、四线城市市场上的家电专门店、夫妻档等各种资源充分地利用起来。而自己建立如此庞大的销售体系基本上是不可能实现的。[1]

反观格力电器,其在自建渠道模式上的成功,源于"让销售终端呼唤炮火"。在董明珠看来,一种模式先进与否,不在于它是不是跟经销商合作,而取决于它是否适应市场的变化,即渠道模式取决于市场需求。在格力电器的渠道中,专卖店不仅承担对消费者的服务,同时也维护经销商及厂家的利益。

格力电器在与家电连锁企业、大卖场、超市合作时,短期利益显然是非常可观的,如格力电器只要承担产品生产,将售后安装及服务交给家电连锁企业、大卖场、超市等渠道商家,而这样做可能会损失消费者与经销商的利益,使长期的、可持续的利益不能得到保证。因此,格力电器在选择渠道模式时,总是依据自身的企业情况,及时地做出调整。

格力电器的成功,证明了其自建渠道这种销售模式是切实可行的,不仅能够走得通,而且能够走得好,从而打破了诸多中国制造企业过分依赖行业连锁店、大卖场的瓶颈制约。

格力电器的成功,不仅给了中国空调生产企业极大的鼓舞,还掀起了中国空调行业的"销售革命",因为这样的销售模式能够"让销售终端呼唤炮火"。

---

[1]　吴媛媛.家电生产企业销售渠道管理研究[J].企业经济,2008(7).

绝不做价格战的始作俑者

由于竞争过于激烈,一些生产商家为了与对手进行激烈的价格竞争,甚至不惜以低于成本的价格销售产品,借以扩大自己的市场份额,将对手挤出市场。面对竞争者的价格战,作为格力电器董事长的董明珠,曾在多个场合表示绝不参与价格战,甚至还认为,"一个真正好的企业,价格战是不可取的"。

长久的价格战是不可取的

在很多场合,董明珠都强调,生产商家的价格战行为不过是"杀敌一千,自伤八百"的做法,并不可取。尽管如此,依然有"很多企业急功近利,目光比较短浅,简单用价格战,或者是跟渠道之间做一个交易,来实现自己的利润"。

面对竞争对手来势汹汹的价格战,董明珠却非常理智地说:"格力空调不会参与价格战。"董明珠的理由是:"什么是价格战?低于成本销售的竞争行为就是价格战。"

董明珠如此解读"价格战"的含义,甚至拒绝参与价格战,有其深层含义。董明珠介绍说:"其实我们是最有实力打价格战的,格力的家用空调已经是世界第一了。"

为什么格力电器不参与价格战呢?是对销售不重视,还是其他原因呢?接受媒体记者的采访时,董明珠认为:"价格战看起来是一个企业的市场行为,消费者暂时可以受益,但从长远看,更多的是消费者会受到伤害。"

董明珠分析称,很多空调厂家打价格战慢慢"打不见"了,消费者在购买了这些牌子的空调后,企业却倒闭了,每次修理空调都要花费数百元,修理几次花的钱都够买一台新空调了,"这是对消费者的不负责任"。

不过,对于价格战,董明珠坦言:"格力不率先挑起价格战,并不意味着格力害怕竞争,当有竞争对手挑起价格战的话,格力也肯定会慎重以对。"

在言语中,董明珠依然透着自信,因为董明珠深知,"一个真正好的企业,价格战是不可取的"。董明珠说:"价格战是年年都有,每个企业都希望自己在这个过程中多卖一点,我非常能够理解这些企业的想法。"

面对年年的价格战,董明珠坦言,在价格战中,消费者其实是受害者。董明珠说:"消费者实际上不是真正的受益者,因为价格战如果低于成本,唯一的办法就是偷工减料,企业不可能亏损经营。消费者买去一个不好的产品,他后续的每年遇到的维修等一系列的问题都会反映出来。"

这就是董明珠不赞成用低价位的思维大打价格战,而是把品质摆在第一位的根本原因。董明珠认为,要通过规模使价格尽量在高品位的同时拉低,使消费者受益。董明珠说:"所以我始终坚持不打价格战。"

消费者是价格战中最大的受害者

董明珠多次强调,格力电器拒绝价格战,源于中国空调行业的自身原因。在 20 世纪 90 年代,中国内地空调行业第一次爆发价格战,原因是在 1996 年,由于连续 40 多天的梅雨,江淮遭受了一场百年不遇的洪涝灾害。

在天气很凉爽的夏天,一直销售不错的空调行业遭遇市场不佳的境况,一些空调企业为了减少库存,开始降价销售。其后,大批空调企业随之开启价格战引擎,随即价格大战愈演愈烈,空调销售越发困难。

在这样的背景下,一些经销商要求格力降低售价,有的经销商扬言"除非按我说的马上降价,不然格力死定了"。面对如此严峻的形势,董明珠却非常理性地说:"价格太低,专卖店为省钱,难免饮鸩止渴,牺牲安装维修,而这样给用户提供的就是劣质产品。我认为,在难以保证质量和售后服务的地方,格力宁愿让出市场。"

在这轮价格大战中,格力电器的降价压力越来越大,有些空调企业柜机品种比格力电器的售价要低800~1000元。在价格战的作用下,格力电器的部分市场遭遇沦陷,被竞争对手所占领。尽管如此,董明珠依然坚持不降价。媒体对此评论说:"国产空调之间、国产品牌与洋品牌之间相互竞争,市场厮杀烽烟四起,中国空调史上争夺市场最为惨烈的一年到来了。"

如今的董明珠回忆当时的情景依然记忆犹新。她说:"那时候,人们就跟疯了一样,价格战一次比一次惨烈,各种营销新概念以'秒'的速度在不断产生。2001年,各厂家降价血拼,媒体大肆渲染,消费者持币待购,血战过后,一家又一家厂家死去……"

在此次价格战中,格力电器虽然失去了一部分市场,但是董明珠却非常理性:"格力从不打价格战,两败俱伤的事,我们不做。"

对于价格战,董明珠始终持反对态度,在她看来,价格战没有受益者,甚至会把消费者拖入价格战的受害者中。董明珠说:"价格低得就像买菜,这样的空调,你以为消费者会受益吗?错了,受伤最大的就是消费者。"

董明珠介绍说:"500元买来的空调,谁敢放心使用?为了保本血拼,一些厂家偷工减料、以次充好,产品质量差,信誉扫地,企业出局,消费者也因买到价低质次的产品而蒙受损失。情况变得很糟,整个行业的信誉在整体沦陷。"

之后的 10 多年时间,中国空调行业依然在这样的病态疯狂中自戕自残。不过,格力电器不参与价格大战,也不得不以牺牲此阶段的增长为代价。2000 年以来,格力的销售额均保持了 20% 以上的增长,2001年和 2002 年的增幅仅为 7%;格力的出口增幅也从 1999 年的 70.7%,降至 2000 年的 27.23%,2001 年降至 16%,2002 年则降至最低点——7%!但即使到了今天,在董明珠看来,这也是值得的。格力付出这些代价,换来的是整个中国空调行业的健康、有序、良性发展,这不仅对格力,对竞争对手、消费者和社会各界,都是一种负责任的做法。①

研究者对此撰文指出,在这场价格战中格力电器发挥了中流砥柱的作用,是格力电器让中国空调行业避免了一场灾难。没有重蹈彩电业几大巨头价格战后从此一蹶不振的覆辙。然而,时间到了 2006 年,正当不少厂家都在为产品的出路犯难,甚至为吸引消费者的眼球不惜再次祭起降价大旗时,一向低调的格力电器却一反常态,在北京打出一张反手牌——请消费者"开膛破肚看内脏",扬言要清除"狼心狗肺猪下水"的特价空调。

拒绝价格战是理性的战略决策

一些企业之所以热衷于价格战,主要还是由国内企业的现状决定的。在 20 世纪 80 年代末期和 90 年代早期,日本和韩国家电品牌曾在中国内地市场所向披靡。

当时,中国家电企业不管是实力还是营销战略,都比不过日韩家电企业。为了打败日韩家电企业,中国家电企业采取了价格战,用以收复

---

① 李静,胡晓红.破解格力崛起的基因密码[N].珠海特区报,2006-09-15.

日韩家电企业一度称霸的家电市场。

在这样的背景下,中国企业把价格战作为打败日韩企业的利器,可谓是情理之中,但把这当成是"放之四海而皆准"的规律,就有点盲人摸象的味道了。在格力电器董事长董明珠看来,价格战不过是中国家电企业抢占市场的一个惯用手段而已。

作为格力电器董事长的董明珠对价格战颇为不屑,她坦言:"格力电器已经抛弃了大卖场,选择符合格力气质的渠道与之合作;对于价格战,格力则离开了更久的时间。"

董明珠解释说:"其实在空调行业内,作为目前唯一的专业空调厂商,格力是最有资本打价格战的。我要打价格战,就不是上任后打价格战,而是在当销售副总时就打了。因为当时我的位置只需要考虑良好的销售成绩,没有责任去考虑整个企业的长远发展。作为企业的总经理,现在我必须对整个企业和所有员工负责,正是因为这些责任,我更不会轻易地挑起价格战。但是我会根据企业的效益和所设定的目标,制定出我们的合理价位。不能说我因为当上了老总,我就要把销售量做大来表明我的个人能力。不论现在有没有价格战,大家都不能从这个角度来看问题。"

董明珠不搞价格战是理性的战略决策。20世纪90年代,当长虹、格兰仕(1996年3月26日)发动价格战时,格力电器却实施了自己的"精品战略",远离了空调价格战的战场烽火。对此,董明珠说:"作为一个企业负责人,不能沉浮于表面的短期行为,而应看到企业的长远发展。我们格力坚持用品质取胜,不会简单地参加价格战。比如说我们的空调的材料成本比别的空调多几百块钱,要想打价格战,就要降低材料成本,降低标准,你的产品虽然能低价卖出,但是消费者会是最终受害者,买回去很快就会看到问题。"

当中国一些企业在迷信价格战时,格力电器已经开始实施品质战略了。董明珠强调,"品质才是战略,除此之外都是战术"。董明珠也毫不隐讳地说:"我们在行业里面比别人更加耐得住寂寞,我们吃得了这个亏。"

在生产中,董明珠对产品质量非常重视,对安装过程中的服务质量要求也非常苛刻,甚至有些吹毛求疵。董明珠希望格力电器在使用寿命内——比如十年、八年,都不需要维修,甚至"以后格力就没有售后维修这个部门了"。

当一些空调企业还沉浸在价格战中时,格力电器却宣布对旗下的变频空调实施两年内免费包换的升级服务措施。然而,格力电器的行为被同业认为是为了消化库存。因为据国内某家电连锁巨头公布的数据显示,当时整个空调行业的库存约为2200万台。

对于格力电器消化库存一说,董明珠回应说:"格力最低的库存只有20万台,处于供不应求的状态。目前的情况下,空调库存在100万台左右是合理的,所以格力不存在库存压力。我们有一个新品的订单已经排到了10月份。"

当媒体问到空调行业会不会因为高库存重现价格战时,董明珠坦言:"价格战年年有,但是只要有核心技术就不怕价格战。对格力来说,价格战的时代已经过去了。"

Chapter

02 核心科技铸就
格力世界第一

20 世纪 90 年代,在竞争最为激烈的全球家用空调业的丛林中,不仅有强手如云的美、日、韩等国际品牌巨头,更有咄咄逼人的国内同行企业。与国际品牌巨头相比,不管是企业的发展历史,还是资金实力,格力电器都相差一大截。

在这样处于弱势的竞争中,格力电器凭借什么能够后来居上,用短短 20 多年的时间,就超越了国内外强大的竞争对手,在全球家用空调领域成为世界冠军呢?

格力电器凭借什么被国家质检总局和中国名牌战略推进委员会联合隆重授予"中国世界名牌产品"称号(由此成为中国空调行业第一个也是唯一的世界名牌)?

格力电器凭借什么被评为"中国空调行业标志性品牌",被美国《福布斯》杂志评为"中国顶尖企业"?

究竟是一种什么样的神奇力量成就了格力电器持续领先的神话,支撑着这艘庞大的战舰在被公认竞争最为惨烈的中国空调业中乘风破浪?

……

在这里,我们来一起解读格力电器成为世界名牌的"基因密码"。

格力空调中国创造

在短短的 20 多年中,格力电器从一个默默无闻的小企业,发展成为如今享誉世界的中国品牌,其品牌价值超过了 1000 亿元。据《深圳商报》报道,中国品牌研究院联合《品牌观察》杂志发布的"2014 年中国最有价值品牌 500 强"榜单中,"格力"以品牌价值 1108.45 亿元位列第 20 位,成为家电行业最具价值的品牌,也是家电行业品牌价值唯一突破千亿元的企业。①

不仅如此,而今的格力电器已经走出国门,成为中国制造业的脊梁,书写了从"中国制造"到"中国创造"的传奇。这样的业绩着实令中国企业经营者们羡慕。然而,在 20 多年的创业过程中,不管是前任董事长朱江洪,还是现任董事长董明珠,在打造格力电器这块金字招牌时,都付出了十二分的心血和汗水。

五个阶段成就世界名牌

据格力官网介绍,成立于 1991 年的格力电器是目前全球最大的集研发、生产、销售、服务于一体的国有控股专业化空调企业。早在 2012 年,格力电器就实现营业总收入 1001.10 亿元,成为中国内地首家营收超过千亿的家电上市公司。

"格力电器如何从一个名不见经传的小品牌蜕变为炙手可热的世界

---

① 赵蕾.格力获评 2014 年最有价值家电品牌[N].深圳商报:第 A25 版,2014-12-30.

名牌？它是如何在强敌环伺的全球空调市场中迅速成长为举世瞩目的领先者？它是如何创造世界空调历史上令人叹为观止的佳绩？"①1001.10亿元的营业总收入数据是最好的注解。在这里，我们来回顾一下格力品牌的崛起之路。

第一阶段，创业阶段抓产品

在1991—1993年，新成立的格力电器，和大多数处于创业阶段的企业一样，不过是一家再普通不过的小工厂，只有一条简陋的、年产量不过2万台窗式空调的生产线。

不过，格力电器与很多创业企业不一样的是，其时任董事长朱江洪发扬艰苦奋斗、顽强拼搏的精神，克服创业初期的种种困难，开发了一系列适销对路的产品，抢占了市场先机，初步树立了格力品牌形象，为格力电器的后续发展打下了良好的基础。

今天的格力电器是1991年由海利空调厂和冠雄塑胶厂合并组成的。由于格力电器涉足中国空调行业较晚，其欠缺的不仅仅是产能，也缺少对空调的了解，更不用说技术了。

当时还是海利一名普通女技术员、现任格力电器制冷研究院资深研究员的李江云，至今依然清晰地记得，那时每天下班后，来自冠雄的干部们就会来到一间小小的会议室，从最基本的空调原理学起，慢慢熟悉空调的设计、制造工艺及流程。来自冠雄的员工们则在车间操作学习，很快就培训出了包括后来成为技术副总、生产副总在内的大批生产技术骨干。②

当时的中国内地空调市场供不应求，格力电器有效地利用了这个难得的历史机遇，迅速地打开了中国内地空调市场，走上了产能扩充之路。

---

①② 李静，胡晓红. 破解格力崛起的基因密码[N]. 珠海特区报，2006-09-15.

在珠海前山河畔、南屏桥边,格力一期、二期、三期、四期、五期、六期扩建工程相继投产;50万台、100万台、250万台、600万台、800万台、1000万台、1500万台,格力的产能急剧增加。目前,格力电器在全球拥有珠海、重庆、合肥、郑州、武汉、石家庄、芜湖以及巴西、巴基斯坦等9大生产基地,家用空调年产能超过6000万台(套),商用空调年产能550万台(套),成为全球最大的专业空调生产集团之一。

第二阶段,发展阶段抓质量

在1994—1996年,步入发展阶段的格力电器已经不再满足于创业阶段的抓产品,而是开始着力思考如何提升产品的质量。在此阶段,格力电器强化质量,以质量为中心,提出了"出精品、创名牌、上规模、创世界一流水平"的质量方针,正式实施"精品战略"。

为了保证"精品战略"的顺利执行,格力电器专门建立和完善了质量管理体系,出台了"总经理十二条禁令",推行"零缺陷工程"。经过几年的狠抓质量工作,格力电器生产的空调产品不仅在质量上实现了质的飞跃,而且也奠定了对其他产品的竞争优势,为创立"格力"知名品牌,在消费者中树立良好的口碑打下坚实的基础。

1994年,曾是一线销售员的董明珠开始主管销售工作,其凭借不断创新的股份销售公司营销模式,在1995年,使格力空调的产销量一举跃居中国内地同行第一。

第三阶段,壮大阶段抓市场、抓成本、抓规模

在1997—2001年,步入壮大阶段的格力电器,不仅需要提升产品质量,还必须抓市场、抓成本、抓规模。为了更好地开拓市场,董明珠独创了被誉为"21世纪经济领域的全新营销模式"的"区域性股份制销售公司",该营销模式也因此成为格力电器制胜的"法宝"。

在提升产能方面,1998年,格力电器三期工程建设完毕,2001年重庆公司投入建设,巴西生产基地投入生产。格力电器的生产能力不断提升,形成规模效益。同时,通过强化成本管理,为格力电器创造了最大利润,产量、销量、销售收入、市场占有率一直稳居国内行业领先地位。格力电器效益连年稳步增长,在竞争激烈的空调业内一枝独秀。

第四阶段,国际化阶段争创世界第一

2001—2005 年,步入"走出去"阶段的格力电器,为了更好地达到"争创世界第一"的发展目标,在流程管理、质量管理等方面不断地创新,同时还引入"六西格玛"管理方法,推行卓越绩效管理模式,加大拓展国际市场的力度,把战略布局到世界各地。2005 年,格力电器家用空调销量突破1000 万台/套,实现销量世界第一的目标,成为全球家用空调"单打冠军"。

第五阶段,创全球知名品牌

2006 年至今,格力电器已经成功地实现"世界冠军"的目标。2006年,格力电器提出"打造精品企业,制造精品产品,创立精品品牌"战略,努力实践"弘扬工业精神,追求完美质量,提供专业服务,创造舒适环境"的崇高使命,朝着"缔造全球领先的空调企业,成就格力百年的世界品牌"的愿景奋进。

对于格力电器打造品牌的过程,董明珠介绍说:"其实可以用四个广告语来展示格力电器的发展历程。最早的时候我们讲'格力电器创造良机',良是优良的良,说明那时候的眼光很短浅,就是说我们造的空调一定要是好空调,不能是坏空调,尽量保证质量。就像我是一个胖子,我能扛 200 斤,但如果我是一个瘦子,我就扛不了 200 斤。第二个广告语我们就提出来'好空调格力造',我们讲的就是虽然你是一个瘦子,比一个胖子扛得还要多,你从技术上要开始有突破。第三个广告语就是'掌握核心科技',这是我们这十几年的沉淀。我们现在已经处于世界智能空调行业的领先地位,但是你不能满足,你说今天我比别人先进了,但是明

天你不再开发，别人可能就会超过你，所以你要不断地去超越自己。所以到了今天，我们提出新的广告口号语，就是把企业的发展跟国家、跟人类的生存联系在一起，这是我们提出一个新的广告语'让天空更蓝大地更绿'。围绕这些，我们再开发新产品，你就知道我们在上面应该做什么样的研究，来使得我们的产品既能改变消费者的生活，同时也不会对我们的环境产生任何破坏。"

绝不拿消费者当试验品

在竞争激烈的企业丛林中，谁敢把消费者当作试验品，谁就会最先被市场淘汰。事实证明，在竞争异常激烈的中国空调业，产品依然是企业的生命，企业不仅需要降低产品的成本，更需要提升创新能力，让产品在设计、制造、营销和管理等各个环节实现增值服务。① 这样的产品制造意识才是提升营销业绩的根本措施。

在很多影视剧中，一些企业为了蝇头小利，经常弄虚作假，结果渐渐地变得无人问津、门可罗雀，最后落得倒闭收场。当然，也有一些企业为了追求规模，一味地进行门店扩张或渠道拓展，最终却因为过快的扩张速度而影响了提供给顾客的服务质量，其结果是虎落平阳、深陷泥潭，最终昙花一现，很难见成果。

在如今的中国空调业中，这样的故事屡有发生。由于受到 2008 年金融危机的影响，特别是在原材料等成本上升的情况下，一些企业为了开拓国内市场，同时为了在如今成本上升的后危机时代降低成本，开始采用"以次充好"、产品"瘦身"等手段。

当一些企业以产品"瘦身"等手段来降低产品成本时，格力电器董事

---

① 制冷快报.格力空调:坚决不拿消费者作试验品[N].制冷快报,2012-05-07.

长董明珠对此却非常不屑,她依然坚持不怕吃亏的"工业精神",依然"坚持制造精品,保障消费者利益,绝不拿消费者做实验"。

董明珠多次重申,格力电器生产的空调产品"绝不拿消费者当试验品"。为了保证这一承诺,格力空调从原材料入厂的源头到技术的开发试制,再到出厂前的检验,都设立了一套严格而细致的质控体系。

正是因为董明珠坚持"绝不拿消费者当试验品"的理念,格力电器得到了丰厚的回报。即使在 2012 年的后金融危机时代,格力电器的业绩依然蒸蒸日上。2012 年 10 月,格力电器发布 2012 上半年报告:格力电器实现营业收入 483.03 亿元,同比增长 20.04%;净利润 28.71 亿元,同比增长 30.06%。

为什么在后金融危机时代行业整体呈现颓势的情况下,格力电器依然能够保持稳健增长的态势呢?答案在于格力电器"绝不拿消费者当试验品"。据董明珠介绍,在格力电器,质量被视为企业的生命,一旦质量出现差错,必须"格杀勿论"。因此,从产品设计到采购、生产、包装、运输、安装以及售后服务等全过程,格力电器都实行严格的质量控制管理。如在设计开发这个过程中,格力电器要求经过"五方提出、三层论证、四道评审",真正地保证了"绝不拿消费者当试验品"理念的实施。

"技术创新,自主研发"

在中国的空调品牌中,格力电器可是一个响当当的品牌,不仅如此,格力电器还获得美国《商业周刊(中文版)》和全球性领先品牌顾问公司 Interband 联合评出的 2006 年"最具价值中国品牌 20 强"。在这份榜单上,格力以品牌价值 1.4 亿美元、2005 年营业收入 22.8 亿美元、净利润 6000 万美元的优异表现名列第 18 位。

令人瞩目的是,格力电器是中国家电行业唯一入选 2006 年"最具价

值中国品牌 20 强"的品牌,而且也是其中屈指可数的处于竞争性行业的品牌之一。

格力电器获得《商业周刊(中文版)》的高度认可,从一个侧面说明了格力空调已经是中国空调行业的世界名牌产品。

一个曾经年产量不过 2 万台窗机的小企业,20 多年的时间里,是如何成长为家用空调年产能超过 6000 万台(套)、商用空调年产能 550 万台(套)的世界名牌企业的呢?

对于任何一个企业而言,要想成为世界知名品牌,不仅需要过硬的产品质量,更需要技术支撑,只有技术才能改变企业的品牌形象。

21 世纪的初期,在中国加入 WTO 之后,一批中国企业开始走国际化之路,如格力电器、联想、海尔、TCL 等企业,开始真正登上全球竞争的舞台。面对激烈的竞争,缺少核心技术的中国制造业只能处在全球产业链的低端。

为了解决核心技术问题,格力电器高层领导曾打算向日资企业购买多联式中央空调的核心技术,然而,却遭到日资企业的断然拒绝。不过,正是此次拒绝,唤醒了格力电器上至董事长、下至一线员工强烈的民族自尊,激发出一个做全球空调老大的梦想。就这样,格力电器把"技术创新,自主研发"作为长远的发展战略。在研发核心技术的过程中,格力电器坚持"技术创新,自主研发",在科研投入方面不设上限,仅仅在 2012 年,其研发投入就超过了 40 亿元。

正是"技术创新,自主研发"的战略思维,让格力电器摘下了多项"国际领先"的桂冠。2005 年 11 月,全球首台超低温热泵数码多联机组诞生;2011 年 7 月,全球首条碳氢制冷剂 R290 分体式空调示范生产线投产;同年 12 月,全球首台直流变频离心机组投产;2012 年 12 月,双级增焓变频压缩机的研发及应用,改写了全球空调行业百年历史……不仅如此,格力电器还得到了更多的荣誉,见表 2-1。

表 2-1　格力电器获得的部分荣誉

获奖内容	颁奖单位	获奖日期
2006 年度最具市场竞争力品牌	商务部和中央电视台	2007.02
出口免验品牌	国家质检总局	2006.11
全国质量奖	中国质量协会	2006.11
2006 年 BAHIA 州商业贡献大奖	巴西 BAHIA 州萨尔瓦多	2006.09
中国世界名牌	国家质检总局和中国名牌战略推进委员会	2006.09
中国空调行业标志性品牌	中国品牌研究院	2006.07
中国纳税百强	国家税务总局	2001—2006
2006 中国上市公司科技 50 强首位	中国《互联网周刊》	2006
最具价值中国品牌 20 强	美国《商业周刊》	2006.09
中国科技 100 强之 10 强	《数字商业时代》	2006.08
海关总署红名单	中国海关总署	2004—2006
首届广东企业创新纪录四项大奖	广东企业创新纪录审定委员会	2006.08
中国顶尖企业	《福布斯》中文版	2006.08
全球百名大企业新贵	美国波士顿顾问集团	2006.08
绿色广告标识	中央电视台广告部	2006.07
中国上市公司百强	美国《财富》杂志	2006.07
第三届全国工业重点行业效益十佳企业	中国行业企业信息发布中心	2006.07
全球华人企业 500 强榜	世界杰出华商协会、中国商业联合会	2006
中国出口 200 强	《中国海关》杂志联合《商务周刊》杂志	2006.06
投资者关系 50 强	《证券市场周刊》、南京大学工程管理学院	2006.06

续表

获奖内容	颁奖单位	获奖日期
首批广东省知识产权示范企业	广东省知识产权局	2006.06
2006 年度用户放心空调品牌	中国家电维修协会	2006.06
2005 年度上市公司百强	《中国证券报》	2006.06
最佳创建品牌企业奖 2005（粤港区）	香港生产力促进局	2006.06
广东省外经贸工作一等奖	广东省政府	2006.01
中国上市公司纳税 100 强	国家税务总局	2001—2005
中国上市公司 100 强	美国《财富》杂志	2001—2005
全国国有企业出口 100 强	中国海关总署	2005.12
中国出口名牌	国家商务部	2005.12
节能贡献奖	中标认证中心	2005.10
质量管理小组优秀企业	中国质量协会、中华总工会、共青团中央、中国科学技术协会	2005.10
2004 年度全国外经贸质量效益型先进企业	中国对外贸易经济合作企业协会	2005.10
广东省用户满意企业	广东省质量协会、广东省用户委员会	2005.09
广东省实施卓越绩效模式先进企业	广东省质量协会	2005.09
全国实施卓越绩效模式先进企业	中国质量协会	2005.09
全国用户满意企业	中国质量协会	2005.09
杰出成就与商业声誉国际质量最高奖	BID（BUSSINESS INITIATIVE）	2005.06
广东省优秀企业	广东省企业联合会、企业家协会	2005.04
全国轻工业质量效益型先进企业特别奖（2001—2004 年度）	中国轻工业联合会	2005.04
全国六西格玛管理推进工作委员会委员	中国质量协会	2005.04
2004 年国家质量管理卓越企业	国家质量监督检验检疫总局	2004.09

续表

获奖内容	颁奖单位	获奖日期
2003 年全国质量效益型先进企业	中国质量协会	2004.09
广东省用户满意产品	广东省用户委员会	2004.09
产品质量免检证书	国家质量技术监督局	2004.09
中国名牌产品证书	国家质量监督检验检疫总局	2004.09
中华环境保护基金会绿色产品奖	中华环境保护基金会	2004.08
中国实验室国家认可委员会认可证书	中国实验室国家认可委员会	2004.07
中国抗菌标志产品审定证书	中国抗菌材料及制品行业协会	2004.06
高新技术企业认定证书	广东省科学技术厅	2004.05
进出口商品企业"红名单"	中国海关总署	2004.03
现场检测实验室	中国质量认证中心	2004.02
2002—2003 年度全国轻工业质量效益型先进企业	中国轻工业联合会	2004.01
全国名优产品售后服务先进单位	中国国家认证认可监督管理委员会	2003.12
广东省用户满意企业	广东省用户委员会	2003.10
中国最具投资价值的 12 家上市公司之一	瑞士信贷第一波士顿银行	2003.10
中国质量万里行杰出贡献奖	中国质量万里行	2002.12
2001 年度全国外经贸质量效益型先进企业	中国对外贸易经济合作企业协会	2002.10
2001 年度全国外经贸质量效益型先进企业特别奖	中国对外贸易经济合作企业协会	2002.10
2002 年度全国质量管理先进企业	国家质量监督检验检疫总局	2002.09
广东省用户满意产品	广东省用户委员会	2002.09
2001 年度全国轻工业质量效益型先进企业	中国轻工业联合会	2002.06

续表

获奖内容	颁奖单位	获奖日期
全国质量效益型先进企业(2001 年)	中国质量协会	2002.05
全国质量稳定合格产品(1997—2001 年)	中国质量检验协会	2002.04
首批中国名牌产品	国家质量检验检疫总局	2001.12
2001 年全国实施用户满意工程先进单位	全国用户满意工程联合推进会	2001.09
广东省用户满意产品	广东省用户委员会	2001.09
广东省文明单位	中共广东省委、省人民政府	2001.09
全国外经贸质量效益型先进企业	中国对外贸易经济合作企业协会	2001.09
2001 全国质量管理奖鼓励奖	中国质量管理协会	2001.09
广东省质量效益型先进企业特别奖	广东省质量管理协会	2001.09
第十八届世界质量认证国际之星金奖	BID(BUSSINESS INITIATIVE)	2001.05
产品质量免检证书	国家质量技术监督局	2001.02
2000 年度全国用户满意产品	中国质量管理协会	2000.09
中国驰名商标	国家工商局商标局	1999.01
第 22 届国际最佳品牌	欧洲企业家协会	1997.06

在诸多荣誉的背后,都有格力电器"技术创新,自主研发"的理念在支撑。2006 年 9 月 6 日上午,国家质检总局和中国名牌战略推进委员会联合将"中国世界名牌产品"的荣誉隆重授予格力空调。质检总局和中国名牌战略推进委员会在评选"世界名牌"时,最看重的是企业的技术能力和产品质量。

在 2014 年第四届中国家电营销年会闭幕式上,中国家电协会秘书长陈刚公布了中国家电行业"磐石奖"获奖名单,格力电器荣膺家电制造商"2014 年度中国家电行业最具影响力品牌",见图 2-1。①

图 2-1 格力获得"磐石奖"

对此,董明珠在接受媒体采访时,指着展示厅中一幅格力创业初期的工厂照片介绍说:"格力能获得世界名牌的称号,就在于无论是在创业之初的艰苦条件下,还是在现在的大好环境中,都始终坚持产品品质和技术创新。"

在董事长董明珠看来,格力电器将继续秉承"实干兴企"的发展思路,以"掌握核心科技、引领中国创造"为基本方针,着力"打造百年企业、创立伟大的国际品牌"。

核心科技铸就空调第一品牌

在当今浮躁的气氛下,媒体的头条往往是某某煤老板投资房地产赚

---

① 刘松.格力荣膺"2014 年度中国家电行业最具影响力品牌"[N].北京晨报:第 A18 版,2014-12-18.

取多少亿元的收益,或者是某某小厂老板妻子投资房地产赚取的利润是其丈夫投资实业的多少倍等新闻……然而,作为匠人文化坚持者的格力电器,却在诸多诱惑中坚定不移,当我们盘点中国内地的明星企业时,话题总离不开稳坐空调市场龙头地位、创下全球3亿空调用户数量的格力电器。2014年,格力实现营业收入1400亿元。格力电器以坚实而又有力的科技创新步伐,铸造了全球家用空调第一品牌的传奇。

核心技术铸就格力品牌优势

近20年来,"中国制造"天下闻名。不过,遗憾的是,能够被人津津乐道的、由"中国创造"的产品和知名企业却寥寥无几。尽管"制造""创造"只是一字之差,但是给企业带来的价值却相差甚远,因为"创造"意味着核心技术和自主知识产权。

2009年12月21日,胡锦涛总书记在第二次考察格力电器时,深有感触地说:"格力的实践充分说明,在世界经济不景气的情况下,谁掌握自主知识产权和自主品牌,谁就能在国际市场中立于不败之地。"[1]

胡锦涛总书记的高度评价足以说明自主知识产权和品牌在企业竞争中的巨大作用。为了打造世界品牌,格力电器着力掌握核心技术,从而引领行业发展。格力电器坚持自主创新,成功地攻克了空调领域一个又一个的技术难题。如格力电器自主研发的GMV数码多联一拖多机组、离心式大型中央空调、G-Matrik直流变频空调等一系列高端产品,不仅填补了中国内地市场的空白,同时还打破了美国、日本等制冷巨头企业的技术垄断,真正地成为从"中国制造"走向"中国创造"的典范。

正是基于核心技术,才铸就格力电器的品牌优势。对此,格力电器

---

[1] 南方日报.格力电器"微笑曲线"引领中国制造业复苏[N].南方日报,2009-08-18.

董事长董明珠毫不讳言地说:"格力正是因为掌握了核心技术,才赢得了在世界空调业界的话语权。"

正是董明珠的战略坚持,格力电器才成为一家专注于生产空调产品的企业,才能为全球空调产品消费者提供技术领先、品质卓越的空调产品。因为董明珠坚信,在任何一个行业里,对于任何一个企业来说,让企业拥有无法取代的核心竞争力才是制胜法宝。在企业核心竞争力之中,技术、品牌、创新三要素缺一不可。①

在董明珠看来,"空调业的竞争实力,不仅体现在资金问题上,应该最终集中在品牌的竞争上,品牌是质量和技术的结合体,未来,产品的品牌效应将会越来越明显。另一方面,企业的核心竞争力还表现在核心技术、自主知识产权问题上。格力目前的技术研发能力已经非常强大,出口市场保持稳健增长"。

纵观格力电器的品牌成长历程,不难看出,格力电器正是凭借自身的核心技术,才实现了从一个小厂到世界品牌的蜕变。完成这一华美转身的基础就在于屡次引领行业的技术创新、产品销量、产品品质,等等。

事实证明,核心技术不仅使格力电器保持了在行业中的霸主地位,还带来了更强大的成本优势和规模优势,同时也为格力电器的品牌塑造提供了强有力的支撑。

随着产能扩大和技术升级,格力电器这块金字招牌将越来越有分量,不仅可以促进格力电器自身的销售,也可以保证其以行业龙头的姿态继续领跑市场。

---

① 喻敏. 产能突破万台 格力专注打造世界品牌[EB/OL]. 2014. http://news. sina. com. cn/c/2010-03-31/151617303546s. shtml.

核心技术塑造世界品牌

格力电器要想在空调业中成为世界级的知名品牌,就必须拥有自己的核心技术,这是一道不得不跨过去的坎。据董明珠介绍:"家电行业以出口为主,基本以贴牌为主,自主品牌很少,甚至有的企业根本没有。依赖于贴牌、纯加工维持自己的企业,长久来说是不可靠的,也不可能长久。作为一个家电企业,在很多年前我们就意识到了,要想打造成一个世界级的品牌,就必须拥有自己的技术。"

在董明珠看来,格力电器要想成为世界品牌,核心技术是前提。如今的格力电器正是凭借自主研发的核心技术赢得了许多国际大型场馆的采购订单,如2010年格力电器先后在南非"世界杯"主场馆及配套工程、广州亚运会14个比赛场馆等招标项目中夺魁。

不仅如此,格力电器还成为中国内地轨道交通领域的最大空调设备供应商,成功地拿下36个火车站的空调招标项目,如沈阳铁路、京沪高铁、广深铁路、武汉铁路,等等。

然而,在20世纪90年代,刚起步的格力电器缺乏核心技术,公司高层打算购买日本企业的核心技术,结果被日企毫无商量余地地拒绝了。

董明珠事后坦言,不管格力电器给出多高的购买价格,日本企业都是斩钉截铁地拒绝,日方谈判人员说:"这是我们目前最先进的技术,不卖。"

在购买无果的背景下,从一线销售员起步的董明珠非常清楚,核心技术是格力电器未来生存和发展的生命线,是塑造世界品牌的前提,日本企业是不会把自己的生命线拱手转让给竞争者的。

尽管如今的格力电器已经告别过去想购买技术而不得的艰难岁月,但"核心技术是塑造世界品牌的前提"这个理念,已经融入公司的未来战略中。这个拥有 5 万余名员工的企业,已经是一个名副其实的空调技术研发"王国"。

如今的格力电器伴随着"好空调格力造"的良好口碑,已经成为享誉全球 100 多个国家和地区的金字品牌。目前,格力电器已在海外生产包括家用空调和商用空调在内的 400 多个系列、7000 多个规格的产品。其自主研发的超低温数码多联机组、制冷设备环保制冷剂替代技术、高效离心式冷水机组、1 赫兹变频空调、超高效定速压缩机等领先技术,同样在国际市场赢得了极高的美誉度。①

在竞争激烈的全球空调市场中,格力电器不仅在产销量上常年占据着榜首地位,更是在科技研发和创新上位居产业之巅。作为国内空调行业唯一获得"世界名牌"称号的企业,如今的格力已经成功地成为世界家用空调市场的第一品牌,且正在实现一个中国本土品牌从"中国制造"走向"中国创造"的伟大梦想。②

技术支撑"中国制造"脊梁

在世界空调业,要想在诸多品牌中脱颖而出,就必须拥有核心技术,除此之外别无他法。在 2001 年以前,格力电器曾落后世界领先空调企业达十多年。

格力电器通过自主研发,在短短几年的时间里就追赶并超越了世界领先企业,而这一切都源于格力电器前任董事长朱江洪和现任董事长董明珠的科技情结。

在格力电器总部的一面墙上,写着朱江洪的名言:"一个没有脊梁的

①② 大秦网.格力核心科技铸就全球家用空调第一品牌[EB/OL].2014. http://xian. qq.com/a/20110922/000220.htm.

人永远挺不起腰,一个没有核心技术的企业永远没有脊梁。"因此,格力电器在发展过程中,恪守"只有掌握核心科技,才能挺起'中国创造'的脊梁,才能拥有国际话语权"的企业理念。在技术研发的投入上,格力电器毫不吝啬,甚至不设门槛,主要根据格力电器未来发展的实际需要"按需分配"。

仅仅在 2009 年,格力电器在技术研发上的投入就超过了 20 亿元。2010 年,格力电器对技术的投入再创新高,超过 30 亿元。

在董明珠看来,中国的民族企业要想在全球市场上立足,不应依靠广告和包装,而应该掌握自主研发技术。董明珠对创新科技的坚守得到了时任国家总理温家宝的高度评价。2010 年 11 月 15 日,温家宝总理在视察格力电器时说:"没有核心技术,企业就没有脊梁;没有科技创新,企业就没有灵魂。"①

在中国本土品牌空调技术领域打拼了 20 多年的董明珠,对温家宝总理的这句话深有体会。在董明珠看来,中国制造业如果不能掌握核心技术,只能成为世界的加工厂,没有任何竞争力可言。在 2011 年"两会"上,董明珠的一个重要议案就是"自主创新"。

在议案中,董明珠这样写道:"中国制造业如果不能掌握核心技术,不能自主研发技术,就会变成一个纯粹的加工厂。对于格力来说,正是因为我们有自己的技术,不依赖别人,我们这个品牌才得到了提升,而且在金融危机那一年我们的利润增长了 45%。由此可见,自主创新对中国的发展是至关重要的。"

董明珠的议案是有见地的,正是因为格力电器有了核心技术,才挺起了"中国制造"的创新脊梁。可以说,正是因为坚持关键技术的自主研发和自主创新,格力电器从只有一条简陋的、年产量不过 2 万台窗式空调生

---

① 中国青年报.格力董明珠:核心技术是民族企业生命线[N].中国青年报,2010-11-19.

产线的默默无闻的小厂,发展成为全球最大的空调制造商,并获得中国空调行业第一个也是唯一的"世界名牌"的殊荣①,挺起了"中国制造"的创新脊梁,让"以技术为王"的欧美、日本企业不得不"放下身段"与其合作。

用"工业精神"打造格力品牌

在逐利最大化的今天,很多企业经营者的目标往往不是把企业打造成一个百年老店的金字招牌,而是最大化地赚取短期利润。殊不知,这样急功近利会把企业带入逐利困境,一旦经营环境恶化,企业经营便会雪上加霜,更别谈塑造品牌了。为了打破这个困境,格力电器坚持用"工业精神"打造金字招牌。

"工业精神"不仅仅是不怕吃亏的精神

在中国内地,计划经济实行了近 30 年。在计划经济时代,传统的商业文明被完全扼杀。改革开放后,一些新生代企业经营者并没有继承中国传统的商业文明,而是把"义利"中的"利"无限地放大,甚至把利益置于最高战略思想中,铤而走险。

这样的经营行为在改革开放后成长起来的很多企业中非常普遍。不仅如此,企业经营者通常用所谓的"商业精神"来指导企业经营和管理,什么行业赚钱就做什么,完全用利润的标尺来衡量企业发展。但是,这把"利润的尺子"有时却把企业推向了追逐利润的沼泽,价格战、同质化、产能

---

① 申明.格力电器:挺起中国制造的创新脊梁[N].科技日报,2013-03-08.

过剩等困境,都是不当的"商业精神"带给中国制造企业的后遗症。①

这些看似"精明"的企业经营者忘记了,过度的"商业精神"会导致在制定决策时的短视。纵观世界跨国公司的发展历史不难发现,那些长期引领行业发展的领袖企业,表面上看似乎是在"商业精神"的指导下,但其发展的核心动力却是一股"傻劲"和"不怕吃亏的精神"。比如,如果没有当年福特坚持只做汽车不做金融的"傻劲",就不会有今天的福特汽车;如果没有比尔·盖茨放弃房地产暴利、专心于软件产业的"傻劲",就不会有今天的"微软"②……这些企业家的坚持足以说明,真正能够支撑一个企业走向未来的不单是技术,还有精神。而这种精神就是长期领导行业发展的"工业精神"。

在格力电器,董事长董明珠多次在公开场合强调"工业精神"的重要性。董明珠所理解的"工业精神"与传统的"商业精神"不同,她所理解的"工业精神"是指少说空话,多干实事,全心全意关注消费者需求,主动承担社会责任,用企业的力量推动社会发展,企业所有行为都必须抱着对未来负责任的精神——简单说,就是"不怕吃亏的精神"。有了这种"工业精神",企业就可以把人的力量和智慧无限地聚合起来,实现最高程度的自主创新,创立民族品牌,推动中国的制造业和经济向前发展,并与世界接轨。③

打造格力品牌必须坚守"工业精神"

没有人可以否认,要想成为世界知名品牌,就必须坚守"工业精神"。在镀金时代的当下,一切向钱看的错误思维左右着一些企业经营者的决策。一些企业家为了财富不择手段,如偷工减料、以次充好,等等。

---

①②③　董明珠.格力董明珠:学习福特的"工业精神"[N].消费日报,2006-11-21.

　　然而,在格力电器,董明珠反复强调:"不需要售后服务的产品才是真正好的产品,企业的营销必须以产品为核心,而不能单纯地以营销谈营销,为销售而销售。一个企业、一个品牌,它们内在的联系到底是什么?思维方式、经营理念、价值取向都是整体构成这个企业最终市场的依据。"所以,格力电器的营销更注重的是长远利益。

　　从企业经营的角度来分析,不管是"商业精神"还是"工业精神",都需要追求利润,因为赚钱是企业的使命。不过,获取利润的方法和路径却存在天壤之别。董明珠认为,"商业精神"更注重结果而非过程,而"工业精神"则是科学精神的延伸。与"商业精神"相对照,"工业精神"更讲求信用,讲求公平竞争,讲求长远利益,是一种"不怕吃亏的精神"。

　　为此,董明珠深有感触地说:"在制造业中,如果'商业精神'占据了主导地位,市场就会更充满投机性、短视和更多的不正当竞争。这种状况会使企业的生存发展远离'工业精神',使得实业家们也像商人一样行事,其结果必然是工业行为的短期化和商业化。"正是董明珠对"工业精神"的坚守,格力电器放弃了眼前的诸多利益。

　　在董明珠看来,真正的从事工业的经营者,必定是"工业精神"的实践者,即有理想、有抱负、有社会责任感的企业家,愿意为了这些而放弃眼前的利益。真正地从事工业的人,会把推动社会进步作为自己事业的核心,而非简单地赚取利润。社会要发展,需要的就是这种真正从事工业的人和他们的"工业精神"。他们获得利润,但并不仅仅是为了获得利润!他们的利润来自于通过自主创新而实现的核心技术的发展。①

　　在很多场合下,董明珠都认为自己不是一个聪明的人,不太会衡量所谓的得失,只一味朝着认定的方向前进。对董明珠而言,格力电器的方向

---

① 董明珠.格力董明珠:学习福特的"工业精神"[N].消费日报,2006-11-21.

就是她的方向,就是制造出中国乃至世界最好空调。董明珠希望格力空调能成为世界上叫得响的牌子,能让中国的空调业在国外同行面前挺直腰杆。为了这个目标,董明珠坚持格力电器只做空调,不给自己留一点后路;为了这个目标,董明珠坚持在格力建起了中国最大的空调实验中心……

虽有众多诱惑,董明珠已经放弃了很多,在未来格力电器的发展中,其诱惑也同样很多。董明珠也不知道还要放弃多少、付出多少,才能完成格力的梦想。但是她很清醒,因为她知道,只有坚持"工业精神",勇敢地走下去,才有可能到达彼岸,因为福特就是这样开启了它迈向成功的第一步。①

在中国企业品牌的塑造过程中,从来不缺乏具有雄韬伟略的战略家,但是却缺乏精益求精、坚持把企业打造成百年老店品牌的经营者。早在2006年,董明珠就在《中国经济周刊》发表署名文章——《企业要有"工业精神"》。

在该文中,董明珠首次提出了制造业企业要有不怕吃亏的"工业精神",要在技术创新方面多干实事,长期作战,要耐得住寂寞;另一方面,制造业企业要对未来负责,不仅关注现实的消费需求,更要关注消费者的根本需求。

董明珠不怕吃亏的"工业精神"似乎有点不合时宜,但是董明珠的远见和智慧再一次让格力电器在家电行业腥风血雨的竞争中独立在一片绿洲之上。在销售业绩突破1200亿元之后,她竟然向外宣传格力电器销售额年均增200亿元无压力,特别是在中国家电行业整体负增长的萧条环境下,这样的反差令同行愕然。格力电器之所以能够取得如此佳绩,是因为

---

① 董明珠.格力董明珠:学习福特的"工业精神"[N].消费日报,2006-11-21.

格力品牌对"工业精神"的坚守,而董明珠正是这个坚守者。

打造格力品牌必须循序渐进

在打造品牌的过程中,很多企业总是迷信品牌声誉与"砸钱"多少成正比。其实,这样的观点是不正确的。对此,复旦大学管理学院企业管理系主任苏勇教授认为,"砸钱"肯定是对企业的品牌建设有很大作用的,但是,这并不意味着一味地花大价钱打广告、做公关就一定能够塑造良好的品牌声誉。品牌除了知名度之外,更加重要的是它的美誉度。如果一个品牌的知名度很高,但是却是靠恶炒得来,结果可能会适得其反。

苏勇教授还认为,企业的品牌建设需要从初创期就开始抓,企业家从一开始就要有强烈的品牌意识。当然,品牌建设的投入可根据企业的经济实力来分期分批投入,但是企业的品牌战略一定要在企业建立之初就融入到整体发展战略中。

在苏勇教授看来,打造企业品牌是一个长期积累、循序渐进的过程,一口吃个大胖子的想法是不符合现实的。

在格力电器,董事长董明珠倡导用"工业精神"来打造格力电器的品牌。在董明珠看来,用"工业精神"打造格力电器品牌的核心就是拒绝浮躁。不可否认的是,工业与商业是不同的。这是一座用思想与汗水、一个零件一个零件构造起来的大厦。大厦的高度,取决于地基的牢固程度。因此,侥幸与投机在这里都不管用,只有秉承一种"工业精神",朝着理想一步一个脚印地前进,才能走向未来。①

在《格力董明珠:学习福特的"工业精神"》一文中,董明珠称,在一百多年前,福特因为执着的"工业精神"而成功。一百多年后的今天,做企业、

———————————

① 董明珠.格力董明珠:学习福特的"工业精神"[N].消费日报,2006-11-21.

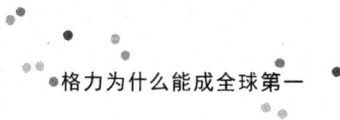

做事也同样需要"工业精神"。格力电器多年的发展历程,让董明珠深刻体会到,企业的发展不仅要具备核心竞争力,更需要一种灵魂性的东西来充实企业的精神文化。①

从董明珠个人的实践来看,尽快推动企业发展的精神动力从"商业精神"到"工业精神"的转化,就是当前中国企业发展的一项具有灵魂性的支撑,也是企业需要迫切实现的任务。

格力电器在打造自主品牌的过程中,与一些贴牌生产的中国空调厂商采取了完全不同的品牌策略,特别是在格力电器国际化的过程中,其开创自主品牌发展的道路就已经非常明显。如今的格力电器,自主品牌产品已经占到其海外销量的30%,覆盖100多个国家和地区。

众所周知,对现阶段的中国空调企业而言,在技术上保持全球较高水准已经不是难题,如何实现品牌的跨越、增加产品的市场口碑则是亟待解决的课题。提升自主品牌出口,是格力电器扩大海外业务的另一个引擎。在20世纪90年代,格力电器获得了松下、大金、惠而浦等众多国际知名品牌的代工订单,出口量迅速飙升,但格力电器始终坚信企业走向世界最终还是要依靠自主品牌。因此,从走入国际市场的第一天开始,格力电器就坚持两条腿走路,在做贴牌产品的同时,力推自主品牌。②

董明珠在公开场合曾透露,在未来的国际化战略中,格力电器将终止贴牌生产,百分之百地推动实现自主品牌的国际化。

业内专家肯定了格力电器在生产贴牌产品的同时,逐步力推自主品牌的做法:"格力国际化的意义,更多的是展示了中国企业从技术跟随者走向技术创造者,依靠创新的自主品牌向世界展示了中国企业的创新力。"

---

① 董明珠.格力董明珠:学习福特的"工业精神"[N].消费日报,2006-11-21.
② 冯建雄.格力国际化战略提速 纵横全球空调市场[N].制冷快报,2013-12-05.

在业内专家看来,格力电器以核心技术为导向,不断调整产品结构,在未来的发展中无疑会越走越远,其成为百年世界品牌也将在情理之中。[1]

事实证明,2008年至2010年的世界金融危机虽然给格力电器的贴牌业务带来不小影响,但是也给格力电器提供了一个可以加大自主品牌出口的机会。

数据显示,在2008年,格力电器的出口大约减少了20亿元,但是250万台贴牌加工产品拿掉以后,30万台自主品牌的格力空调进入了美国市场,在出口总额下滑的情况下,利润反而增长了30%。

董明珠坦言,从进军国际市场的第一天起,格力就坚持在生产贴牌产品的同时,逐步力推自主品牌。目前,格力品牌已经进入了100多个国家和地区,进入了英、法、美等发达国家的主流销售渠道。对此,董明珠认为,"坚持扩大自主品牌出口,不仅避免了在国际市场上完全受制于人的经营风险,而且以优良的品质提升了自主品牌的竞争力"。目前,格力自主品牌的销量在公司出口销量中所占的比例已经达到了1:3。

① 人民网."三驾马车"加速格力国际化[EB/OL].2014.http://ah.people.com.cn/n/2013/1210/c227767-20112854.html.

Chapter

03 管理就是制度

　　"精品空调,格力造",这句广告语早已为消费者耳熟能详。支撑格力这句广告的就是质量,因为质量是格力电器的生命之泉。

　　不仅如此,格力电器还将"质量就是企业的生命"的理念运用到实实在在的生产中去。对此,董明珠高调指出,"格力要做不需要售后服务的产品",即让消费者购买的格力空调是没有后顾之忧的高品质的产品。

　　在"追求完美质量,创立国际品牌,打造百年企业"质量方针的指引下,格力电器不断地追求完美的质量管理。正是格力电器如修炼生命一样地修炼质量控制体系,才造就了其在国内外市场有口皆碑的品牌。

确保每一件出厂的空调产品都是 "零缺陷" 产品

　　对于任何一个企业而言,产品质量都是保证生存和发展的前提,一旦产品质量没有保证,企业就如同一座空中楼阁,虚无缥缈。美国兰德公司董事会主席詹姆斯·威尔森(James Wilson)曾坦言:"世界上破产倒闭的大企业中,大部分都是因为企业管理者不重视产品质量造成的。"威尔森的告诫足以说明产品质量的重要性。在格力电器,作为董事长的

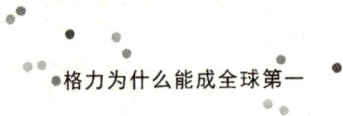

董明珠在公开场合多次强调,要确保每一件出厂的空调产品都是"零缺陷"产品。正是因为坚持质量至上的战略思维,格力电器才有"精品空调,格力造"这句广告语。

产品质量是关乎格力生存和发展的大事

对于任何一个企业而言,产品质量都关系到企业的品牌价值,关系到企业的兴衰成败,对于制造型企业来说更是如此。正如美国波音公司前董事长威尔森(Wilson)所言:"从长远看,无论在哪个市场上,唯一经久的价值标准是质量本身。"

威尔森对产品质量在市场竞争中地位和作用做出了高度的评价。在中国改革开放30多年历史中,一些企业的兴衰史实际上正是一部产品质量的发展史。一些企业因为质量原因经历着起起落落的过程。

如前所述,格力电器在20世纪90年代不过是一个规模很小的企业,如今却已跃身"世界名牌"之列,其成功的关键就是用质量过硬的产品赢得消费者的认可。

在质量管理上,董明珠强调:"格力要做不需要售后服务的产品,也就是要让消费者购买的格力空调是没有后顾之忧的高品质的产品。这种高品质,在格力电器公司领导看来,首先就是要从源头抓起。其中,关键是原材料的采购与质量控制。"

在董明珠看来,为了提高产品质量,不惜耗巨资引进先进的"六西格玛质量管理法",以彻底解决空调产品的质量难题。

然而,在许多中国本土企业中,"质量是企业的生命"更多的是一个口号。正是如此,有不少企业因产品质量问题,在市场竞争中败下阵来,有的甚至还破产倒闭。

大量的事实证明,产品质量是企业的生命,企业一旦没有产品质量做保证,就不可能赢得消费者的认可。正如巨人集团创始人史玉柱所言:"骗消费者一年,有可能;骗消费者十年,不可能。"

史玉柱的观点意味着产品质量才是生存的关键。因为随着每年广告量的节节攀升,其广告成本非常高,仅仅依赖广告根本撑不住"脑白金"的市场。而一旦"脑白金"没有回头客购买,后果将是不可想象的。

的确,改革开放以来,有些企业为了追求利润链而走险,结果为自己的行为付出了代价。对于制造业企业来说,产品质量更是影响企业生存和发展的根本。对此,董明珠重点指出,产品质量是关乎格力生存和发展的大事。

"整机六年免费包修"就是在拼质量

在很多企业的危机事件中,危机爆发的导火索往往是某件产品质量不合格。仅仅由于某件问题产品,造成了不可估量的损失。就如同企业生产 100 件产品,即使 99 件产品的质量非常过硬,一旦有 1 件存在质量问题,也很可能会失去整个市场。

所谓"千里之堤,溃于蚁穴"。对此,"日本经营之神"松下幸之助曾告诫企业经营者说:"对产品来说,不是 100 分就是 0 分。"

松下幸之助的建议虽然简单明了,却蕴藏着其数十年经营的深刻道理。企业要想生存和发展,质量是一个不容小觑的问题。

格力电器的董明珠认为,"不是把产品卖出去的就是好企业,你的产品卖出去,消费者满意了,你才是一个好企业。所以格力电器的经营理念很简单,那就是消费者的小事便是我们的大事,用这样的经营理念来制造产品,对消费者是抱着一种负责任的态度"。

在董明珠看来,"零缺陷"不仅仅是格力电器的生命,而且还是确保格力电器赢得消费者的最终利器。尽管中国家电业竞争异常激烈,但是格力绝对不会为了抢占市场而忽略产品质量。

在与竞争者较量的过程中,格力电器往往凭借自身积累的技术优势来降低空调产品的成本,提高研发新产品的速度。不仅如此,格力电器还力图使产品在设计、制造、营销和管理等各个环节实现增值服务。

董明珠介绍说:"我们提供给消费者的不仅仅是产品,而是舒适的生活环境。"

在质量的把控上,由于重视质量管理,格力电器破天荒地提出了"整机六年免费包修"的服务,在空调行业令许多品牌企业惊叹不已,在竞争激烈的空调市场上赢得了消费者的信赖。

正是由于格力电器过硬的质量管理,其才敢于提出"整机六年免费包修"的服务保证。事实上,"整机六年免费包修"就是在拼质量,这是格力电器多年来一直重视产品质量的结果——不仅坚持通过严格的质量管理手段稳步提高产品的质量,而且通过不断的技术创新为产品提供超越行业的价值,从而来赢得消费者的认可。[①]

格力电器董事长董明珠在多个场合强调,"不拿消费者作试验品",甚至还确保每一件出厂的空调产品都是"零缺陷"产品。

董明珠宣称,只有质量过硬的好产品才能赢得消费者的认可,而格力电器也正是因为秉持着对消费者负责、对经销商负责、对股东负责的态度,通过严格、先进的质量管理,获得了全球100多个国家3亿多用户的青睐。由此可见,只有那些质量优异的产品,才能在竞争大潮中赢得市场,站稳脚跟,才能成长为一家百年老店。

---

① 制冷快报.格力空调:坚决不拿消费者作试验品[N].制冷快报,2012-05-07.

造出世界上最好的空调

众所周知,产品质量是企业品牌价值的基石,最能体现企业的技术含量和文化。一旦没有质量做保证,企业生产的产品就无疑会被市场所摈弃,更别谈塑造品牌了。由于历史原因,中国许多企业缺乏核心技术,这给它们拓展国际市场增加了难度。长期以来,中国产品虽然凭借价格战在国际上赢得了市场,但是却给国际消费者留下了质次价低的总体形象。

这与一些企业僵化和落后的质量观念和质量管理体制有着重大的关联。因此,要想真正地成为世界名牌,质量第一的战略思维,并非一个时髦的口号,而应该彻底地落实。特别是对正处于品牌经营起步阶段的中国企业来说,质量第一的战略思维有着尤为重大的、不可或缺的作用。

在格力电器,"质量第一"是企业的核心价值观,主要包含两层含义。第一,把质量管理工作摆在首位。回顾格力的企业发展历史,把质量管理工作放在首位,源于格力电器自身的经营策略。从1995年开始,格力电器开始步入高速发展阶段,其规模迅猛扩大。为了更好地发展格力电器,其企业经营策略从"出精品,上规模"转向以质量管理为中心的"精品战略",通过一系列的质量目标、质量管理体系的建立来锤炼企业的整体运营。

第二,生产世界上质量最好的空调产品。格力电器生产"质量第一"的空调产品,源于其对自主创新和生产流程的严格把关。通过自主研发,格力电器突破了空调核心技术的瓶颈,在推广新产品的同时,还能有效地保证产品的品质。

在生产管理中,格力电器实行非常严格的质量控制手段,其质量标准要高于国际标准,更高于国家标准和行业标准,以标准的先进性确保产品的高品质。即使在后金融危机时代,在原材料成本和劳动力成本不断上升的市场环境下,格力电器通过自主研发手段来降低生产成本,从而赢得更大的利润空间。

对此,格力电器董事长董明珠在接受采访时坦言:"格力降成本是降管理成本,决不降原材料成本,因为原材料的质量直接关系到产品的质量,我们绝不拿消费者作试验品。"

为了保证格力空调的质量,格力电器完善了流程管理。从原材料入厂到技术的开发试制,再到出厂前的检验,这些环节都设立了一套严格而细致的质控体系,以此确保每一件出厂的空调都是"零缺陷"的产品。①

为了保证格力电器出厂的空调都是"零缺陷"产品,早在 1999 年,格力电器就投入百万元巨奖来推行这个"零缺陷"工程。不仅如此,格力电器之所以积极引进"六西格码管理法",其目的也是为了确保产品质量。

为了更好地控制产品质量,时任格力电器董事长朱江洪用"八严方针"的质量管理举措来诠释他对质量的重视:制度要严格实用,设计要严谨扎实,工艺要严肃且踏实执行,标准要严厉并符合消费者的实际需求,服务要严密诚实,教育要严明和务实,考核要实事求是,处罚要有实效。概括起来就是"严格的制度、严谨的设计、严肃的工艺、严厉的标准、严密的服务、严明的教育、严正的考核、严重的处罚"。这"八严方针"为格力电器营造了良好的质量管理氛围,员工谨记"质量第一,顾客满意"的企业精神,于是"好空调,格力造"便声名远播。②

---

① 制冷快报.格力空调:坚决不拿消费者作试验品[N].制冷快报,2012-05-07.
② 搜狐资讯.格力电器:用质量赢得市场[EB/OL].2014.http://roll.sohu.com/20110929/n320945593.shtml.

管理就是制度

在中国媒体的报道中,董明珠往往被贴上强势、女强人的标签。这主要是因为一旦有员工制度,不管是普通员工还是中层干部,董明珠都会严格按照制度来执行惩罚。对此,董明珠在接受媒体采访时阐释了严格执行制度的重要性。她说:"在制度执行上是没有什么可调和的、可妥协的,这就是我的哲学,这就是博弈。因为你不尊重别人,等于也没有尊重自己,把整个秩序给破坏了。我经常讲,我们格力电器要按照我们自己的思维建立一套完整的、可控的、有规则的制度,在这套制度之下你才可以谈自己。"在董明珠看来,格力电器已经建立健全了现代企业管理制度,只有坚持制度管理企业,才是格力电器健康、持续发展的保证。

不能因为是领导,就拒绝执行制度

在中国业界,几乎人人都知道董明珠非常崇尚法家学派的管理思想。不仅如此,董明珠还是法家思想的一个不折不扣的、坚定的拥护者和执行者,甚至是一个高度集权、雷厉风行的、言必信行必果的领导者。

据董明珠介绍说:"制度是刚性的,一旦制定,就要严格执行,从普通员工到高层概莫能外。"在董明珠看来,制定和推行制度的人,首先要有足够的权力,并能以身作则。

在格力电器,作为董事长的董明珠带头遵守公司制度。不仅如此,为了更好地维护格力的企业制度,董明珠甚至还拒绝了自己亲哥哥购买格力空调的要求。

董明珠为什么要拒绝自己的亲哥哥购买空调的要求呢？事情得从1995年谈起。20世纪90年代中期，中国的空调市场供需失衡，产能明显不足。

1995年，正值空调销售的旺季，董明珠的哥哥受一个经销商的委托，亲自到珠海找妹妹董明珠，打算批发价值3000万元的格力空调。

一旦事情办成，该经销商还承诺支付给董明珠哥哥2%（60万元）的提成。在万元就是大富的年代，60万元可是一笔巨款。

尽管如此，董明珠却拒绝了哥哥的要求。按照格力电器的有关规定，董明珠可以帮助哥哥批发这些空调，因为这本身并不违反企业的相关规定，同时还会带来3000万元的营收，是一件双赢的事情。

但令人不解的是，董明珠断然拒绝了其哥哥的要求。不仅如此，董明珠还告知该经销商，不会批发给他3000万元的空调。

在董明珠看来，如果自己答应帮助哥哥批发这3000万元的空调，就等于开了一个先例，导致其他经销商依葫芦画瓢，就会破坏原有的秩序。

董明珠解释说："我觉得我的权力不是为自己用的，是为企业用的。企业家品格中最重要的是无私。"

制度不讲人情，文化要有人情味

格力电器的制度规定："格力的员工必须统一穿公司制服，白上衣、蓝裤子，党员佩戴党徽，挂厂牌。女士长发必须束起，男士不得留长发。所有人上班不得佩戴夸张的首饰。办公室里不能说笑打闹，吃零食……"

一旦有人违反，将受到严厉的处罚。比如，格力电器的一位高管曾经因为着装问题，被当场重罚了1000元。一位中层干部戴着一枚硕大的金戒指，被董明珠看见，董明珠说，金戒指和工作没什么关系，最好还是注意下形象吧。

格力电器的制度规定:"上班时间不许吃东西,一经发现,第一次罚五十,第二次罚一百,第三次走人。"

有一天,董明珠在办公室检查时,发现 8 名员工正在吃东西,仅过了 10 秒钟,下班铃就响了。董明珠毫不客气,向每人收了 50 元。8 名员工目瞪口呆。对此,董明珠解释说:"只要违反制度,再小的事,都是大事,我都要管到底。"

在董明珠看来,制度的执行不能讲人情,但是文化却要有人情味。在 2014 年 4 月 25 日的 2014 商界木兰论坛上,作为格力电器董事长的董明珠公开回应"格力电器是'血汗工厂'"的媒体报道。董明珠说:"家电行业一线工人拿到 56000 元,一人一居室,有五险一金,说格力是'血汗工厂',那中国家电行业还有没有不是'血汗工厂'的企业了?"

董明珠解释说:"如果极个别人破坏了企业的制度,损害了企业的利益,肯定要受到制裁的,这些人心里肯定是很难受的。所以在这种情况下,再加上外边的一个因素,要求你企业是不是考虑做一点广告,如果企业不做广告,正好有这么一个条件,就对这一事件进行大肆渲染。"

尽管董明珠对"血汗工厂"的媒体报道进行了辟谣,不过,正是媒体的报道加快了格力电器的制度建设。董明珠强调:"一套好的企业制度,不能因人而设,因人而异,或者有权力的人想怎么样就怎么样。制度要建立在公平公正的基础上,企业管理人员的言行应该是员工学习的榜样。中国制造业的底气和力量,不是来自劳动力的低成本,而是来自于企业的制度建设。"

董明珠冷静地分析后认为,"格力一直保持清醒的头脑,我们还在打地基"。董明珠所言的"打地基"指的就是搞好制度建设,通过精细化管理提高生产效益,从而减少生产成本。比如,格力强制推行的"定额理料"的管理做法,效果就很显著。通过"定额理料"量化考核,每一台机器都可以做到定点到位,留有详细准确的记录。正因如此,2013 年格力电器完成接近 1000 亿元的物料采购,误差仅为 0.1‰,这是格力电器历史上从未有过的成绩。成本低了,利润自然就高了,这就是向管理要效益。①

董明珠强调,在制度上不讲人情,没有因人而异,但是每个人一个标准,其实是对员工的关爱。董明珠说:"我曾经讲过我们公司有很宽的公路,有一个是车道,有一个是人行道。人行道就只有一米五宽,车道有几米宽,但是车道上很长时间都没有车,特别是中午的时候。但我们公司有一个明确的规定,没有车也好,有车也好,人不能走到车道上去,走车道就开除。很多人认为你这是不近情理的,但是我觉得这就是制度。"

尽管格力电器的制度较为苛刻,但是并不表示其忽视对员工福利的关注。董明珠说:"我们在生活上给员工创造很好的条件,在提供给他们好的待遇的同时,我们更注重对员工的培养,要让所有的员工都有安全感。"

著名经济学家周其仁在看过格力的微电影《格力叉车大王曹祥云》后,高度评价了格力电器的文化,他说:"制造业的力量和底气有很大的一部分是来自于工人。你看刚才的故事多感动人啊,中国是农业化过来的工业化,不是天生的工人,像曹祥云,多年前就是一个农民,农民的工作和大工业的工作是完全不同的,所以需要组织,需要管理,需要训练和氛围,要鼓励他。这个故事也让我了解了格力的竞争力。"

在格力电器的企业文化里,并不是技术人员和管理人员就受重视,

---

① 中国新闻网.董明珠:制度不讲人情 文化要有人情味[EB/OL]. 2014. http://finance.chinanews.com/it/2014/04-28/6114845.shtml.

普通员工就不受重视。董明珠说:"普通的员工,只要他在岗位上不犯错,保证质量,就应该拿到高薪。所以,我们员工每年的收入增长速度都非常快。"

管理只有一种,就是制度

在格力有一条不成文的规定:如果有员工从格力离开,就永远不要指望再被格力接纳;另一方面,只要是从其他同行企业出来的人,无论多能干,原则上格力概不收留。

2008 年的一天,董明珠接到了一个老朋友的电话,他希望能够重返格力。这个人此前供职格力期间,发明众多,后被竞争对手以重金挖走。然而,他得到的却是董明珠强硬的拒绝。[①]

董明珠解释说:"不是说别人不优秀,但如果仅靠别人培养人才,本身就是一种贪婪的行为。"

在董明珠看来,如果制度建设不到位,许多人就不得不随波逐流,结果就是好人变坏人。制度面前,人人平等,只有这样,制度才能执行下去。因为管理只有一种,就是制度。[②]

董明珠说:"我推崇军事化管理,很多人说女性管理者会更人性化,我说没有'人性化'的管理,管理只有一种,就是制度,不分男女。管理是企业的根基。"

在格力电器,人行道和车道泾渭分明,一旦员工在车行道上走路,就要被开除。董明珠说:"如果被车撞了,这是人性化么?"

对干部,董明珠更是容不下一粒沙子,她要求格力电器 1000 多名党员,全部要佩戴党徽上班。董明珠说:"要重塑党员形象,更重要的是要

---

①②　侯雪莲.董明珠:制度的捍卫者[N].中国经营报,2012-03-03.

让员工监督你,干部不好,员工才不好。好的干部,往往敢于做'坏人';一个事事对你点头的干部,可能正在伤害大多数人的利益。"

在如今的企业管理中,关爱和激励员工不仅是一门学问,而且也是留住和吸引核心员工的一个因素。对此,董明珠说:"管理制度只有一个标准,并没有亲和这两个字。但是,人性化的关怀不是在制度的建设中,不是在日常的工作中,真正的亲和力在于你给他安全感,他到你的企业来了就不怕,有了困难企业会帮他解决,企业要给他一个很好的生活环境。如果说做企业有什么秘诀,就两句话:创新上挑战自己,管理上真诚相待。尽管企业不能一夜之间做大,但是我相信一定能做大。"

在董明珠看来,严格执行制度时必须赏罚分明,尽管很多中小企业老板懂得这个道理,但是执行起来并不奏效,更难以做到明察秋毫。

董明珠为此分析了其中的问题所在,她说:"在制度建设上做好文章,人人平等。实际上我理解的企业文化,就是人的行为,人们的习惯就是一个企业的文化。比如,几万人同时上下班的工厂,不管什么时候人都不能走在车道上,走过去肯定开除没商量的。大家说你怎么这么苛刻?因为有一次改过的机会,就可能出现不可控的安全危险。"

董明珠还举例说:"有员工在上班时间送父母,但对我撒谎是陪客户。回来以后我问他:'为什么说谎?'他说:'我紧张!'其实送父母是很正常的,为什么要说谎?无关紧要的事都说谎,那公司重大决策错误或者损失你可能更要说谎。这种习惯养成以后,总有一天会给公司带来无法挽回的损失,所以我把他开除了。大家觉得我太苛刻了。公司管理制度上是绝对不允许犯这样的错误的。所以我立了一个规矩:做错了不要紧,但是一定要讲真话,这样大家还有办法来挽救或者处理它。"

创新改变世界

在如今的商业时代,创新随时都在改变着人们的生活,比如苹果创始人史蒂夫·乔布斯的智能手机创新,就改变了消费者的习惯。在格力电器中,创新已经成为打破核心技术垄断的一把利刃,不仅打败了日美制冷业巨头,而且还积累了可以改变人们生活的核心技术,有效地狙击了世界跨国公司的迅猛发展势头。

格力电器的创新无处不在

2015 年 3 月 23 日公布的《中共中央国务院关于深化体制机制改革加快实施创新驱动发展战略的若干意见》指出,"创新是推动一个国家和民族向前发展的重要力量"。从这个《意见》不难看出,创新对一个国家非常重要,创新对于企业的生存和发展来说也尤为重要。在格力电器,从"好空调格力造",到"格力 掌握核心科技",再到"让天空更蓝 大地更绿",每次广告词的改变都意味着创新,见图 3-1。

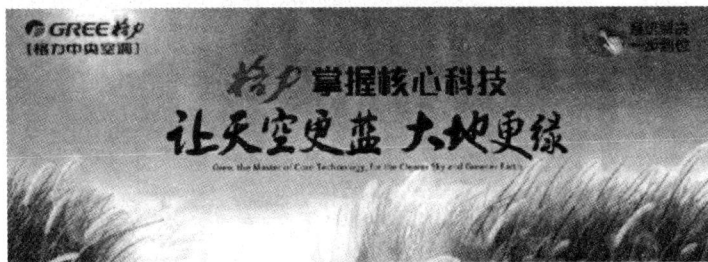

图 3-1　格力电器"让天空更蓝 大地更绿"广告

　　在很多企业家论坛上,创新这个词出现的频率很高,可以说创新无处不在。也有企业家认为,企业要从技术上进行创新。不过,格力电器董事长董明珠却认为,相比较于技术创新,企业文化的创新更加重要。

　　董明珠这样总结道:"我觉得创新每个人都在说,关键看怎么做。有人认为创新是技术创新,但是,格力认为创新是一个企业的文化创新。创新无处不在。比如,我们格力在创新的过程中,应该把技术创新作为最基础的创新。但你有没有想过,我们即使发明了一个技术,如果在生产的过程中由于管理不善,不能使消费者得到品质保证的话,那么前期的创新就付之东流。所以,我觉得企业的文化创新是非常重要的,每一个人都要有主人翁的精神,有一种责任感。"

　　董明珠举例说:"像叉车工,大家都觉得这个岗位没有什么好创新的,这个岗位又不重要,不就是把货从这儿搬到那儿吗?但是实际上,如果一个叉车工用心研究,就可以做出很多有创新价值的事情。我们的一个叉车工在外面吃饭的时候,看到同事用打火机把啤酒瓶撬开,他觉得如果把这个精准的技术活用在叉车工作中,那就会对产品的质量安全有很大的保障。很快,他就能用叉车撬啤酒瓶,后来甚至可以用叉车穿针引线了。所以,创新真的是无处不在,创新改变了生活,给人带来了快乐。像总书记讲的,人民需要的就是我们要干的。我们企业应该关注消费者,消费者想要的东西就是企业要去做的,不能有半点马虎或者投机心理。企业更多的是考虑消费者的利益最大化,只有考虑到消费者的利益最大化,消费者才会拥护你,才会买你的产品,企业产品的市场占有率才会越来越高。"

　　在董明珠看来,如果一个企业发明了一项新技术,但是在生产的过程中,如果由于管理不善等原因,不能使消费者得到品质保证,那么前期的创新就会付之东流。格力所要追求的文化创新,就是每个人都要有主人翁精神,有一种责任感。①

通过创新创造全球消费者想不到的需求

对于任何一个组织而言,创新都是生存与发展的核心灵魂。在格力电器,创新被认为是超越对手最好的竞争手段。在产品技术研发方面,格力电器董事长董明珠经常提出"极致"的概念。

董明珠是这样解释的:"我说过,格力在空调行业里永远是领导者,可以被别人学习,但是不可以被超越。有人认为我很霸道,其实这体现了对信念的追求。只有具有坚定的信念才能努力工作,努力创新并不必然只是一个奋斗的目标。研发人员考虑的是怎么创新。固有逻辑是,产品定位比别人好,就是目标。我觉得这是错误的,我们的目标是创造出来的产品应该给消费者带去从来没有的极致享受,这才是有价值的。任何一个产品都要追求完美,完美是无限的,即使今天某个产品达到领先地步,我认为其中还会有不足的地方,还要再次跨越。我希望格力将来能设计出没有风的空调、不会使人产生'空调病'的空调。这都是根据消费者的需求考虑的,可能消费者本人也没有想到。但我们就要创造出这样一个市场,而不是单纯地迎合市场。"

在董明珠看来,只有通过创新才能创造出全球消费者想不到的需求,才能创造出一个潜力巨大的蓝海市场。比如格力的1赫兹压缩机,目前在国际上是领先的。董明珠说:"这还不够,要达到技术领先,创新意识领先,要改变员工的惰性,使之在每个岗位上发挥最大的效用。"

作为格力电器董事长,董明珠在"双级变频压缩机的研发及应用"科

---

① 新华网.董明珠:创新改变生活 也给人带来快乐[EB/OL]. 2014. http://news. xinhuanet. com/tech/2014-03/11/c_126250504. htm.

技成果鉴定会上,是这样诠释格力电器创新精神与文化的,她说:"格力电器的文化就是两个字——创新,不仅仅是技术的创新,还包括管理的创新、人才培养的创新……"

董明珠向外界阐明了格力的创新文化。在董明珠看来,"每一家成功的企业都有其独有的特质。在格力内部,创新就是永恒不变的特质"。

格力电器的创新到底靠什么实现呢?董明珠坦言:"不是肯砸钱就能实现创新,也不是有了人就能实现创新,关键看有没有创新的理念和想法,这是核心。有一些创新不一定要花很多钱。有的时候就是决心的问题,心有多大,创新的步伐就有多大,最后占据的市场就有多大。创新就是用心做事。用力做事和用心做事是两码事,用力可能做得好,但是用心才会不断优化,不断完美。基层员工在生产线上小小的改进,研发人员大的跨越,都是创新。说起来都很容易,我们讲创新,现在很多企业都讲创新,但是怎么创新?要拿出符合自己企业发展的措施,而不是盲目去模仿。学习别人的经验,把别人的技术学回来,我认为不是创新,一定是自我的改变才叫创新。"

据董明珠介绍,在中国空调业,有些企业什么赚钱做什么,甚至出现"潜伏"在竞争对手企业中的情况。为了获得某项技术,特地委派员工在竞争对手做"卧底",其目的是"偷"技术回来进行仿造。对此,董明珠不无忧虑地说:"这是很悲哀的事情,企业没有国家意识,没有大局意识,而是做小人的事情,如果是这样的心态,产业发展的希望在哪里?"

创新是格力之本

对于任何一个企业而言,只有创新才能保持企业的高速发展。因为创新是企业发展的发动机,一旦发动机熄火,那么企业这艘大船就会搁浅。

　　在格力，创新就是企业的骨髓。这是董明珠对格力电器创新的理解。董明珠说："创新对企业来说，就如同骨髓之于人体，是不可缺失的。创新不是一个点，而是涵盖了企业的方方面面；创新也不是做给别人看的，创新是为企业创造生命力的，就如身体的骨髓一样，它是有灵魂的。一个企业想不断地扩展，不断地被市场认可、喜爱，那就不能只注重制造。制造和创造，虽然只有一字之差，但是含义完全不一样。过去我们说制造，其实就是一个简单的复制和拼装。我们现在拥有目前全球规模最大的专业空调研发中心、3个基础性研究院、3000多名研究员，用创新不断推动企业发展。"

　　在董明珠看来，格力电器正是因为自主创新，才走出了一条让诸多中国企业"羡慕嫉妒恨"的路。反观格力电器的创新工程体系，我们不难发现，支撑格力创新的不仅有企业的理念体系和组织体系，同时还有外部资源，具体见图3-2。①

　　目前，格力已经形成了健全的创新管理体制，包括科技项目管理机制、人才培养机制、研发投入机制和外部协作机制。同时，还构建了多层次、高水平的研发平台体系，包括集成平台、职能平台和业务平台，其中有171间实验室获得了国内外权威机构的认证、认可。②

　　事实证明，支撑格力电器取得如此佳绩的动力就是创新。可以说，正是因为坚持关键技术的自主研发和自主创新，格力电器才从只有一条简陋的、年产量不过2万台窗式空调生产线的默默无闻小厂，发展成全球最大的空调制造商，并成为中国空调行业第一个也是唯一一个获得

①② 广西南宁航邦制冷设备有限公司官网."全员创新"创造格力传奇［EB/OL］.2015. http://www.gxhbzl.com/html/8709243533.html.

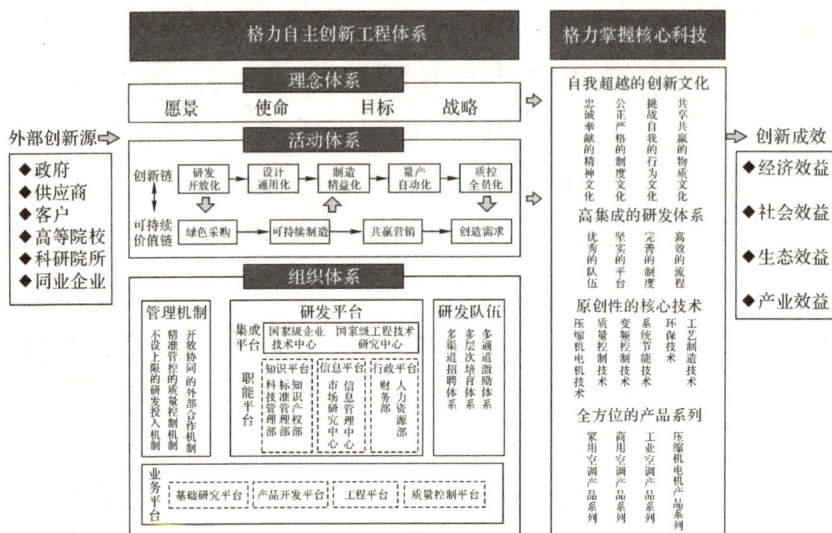

图 3-2 格力健全的创新管理体制

"世界名牌"殊荣的企业①。

在行业不景气的时候,格力电器却取得了不错的业绩。董明珠说:"一个没有创新的企业是没有灵魂的企业,要想成为一个有灵魂的企业,就必须拥有创新的技术。"此话足以看出格力对创新的重视。为了拥有空调核心技术,在研发投入中,以董明珠为首的决策层选择了高投入。对此,董明珠在多个场合曾坦言:"格力的研发投入没有限制,只要觉得需要就会投,上不封顶。"

在接受《南方都市报》采访时,董明珠这样介绍了格力电器的研发投入,她说:"格力电器是国内空调行业中取得专利技术最多的企业,也是行内科研投入最高的企业。格力拥有专利技术 3000 多项,其中发明专利 300 多项,开发产品品种规格超过 7000 款。光是 2009 年,公司在研

① 申明.格力电器:挺起中国制造的创新脊梁[N].科技日报,2013-03-08.

082

发上的投入就超过 20 亿元,2010 年,超过 30 亿元。2010 年我们发布了自主研发的三大核心科技:G10 低频控制技术、超高效定速压缩机和高效离心式冷水机组。格力在创新上的花费是不设上限的,只要有市场需要,我们就可以大量投入。现在制造业很少注重基础研究,我们会有很大一部分资金投入到基础研究中。比如说空调,除了在结构、外形上的变化外,更需要的是基础性的研究,像电机、压缩机这类核心部件的技术提升,是需要良好基础的。正如建造百层楼房,只有打好基础,才能屹立不倒。"

正是凭借自主创新的"重研发、重销售"战略,格力电器成为中国空调企业的"技术之王"。例如,格力电器凭借自主研发的双级变频压缩技术,不仅改写了空调行业的百年历史,还引领了空调行业进入双级变频的新纪元;格力电器研发的 1 赫兹变频技术,远远超越欧、日、美空调龙头企业,实现了家用空调技术在国家科技进步奖上"零的突破";格力电器凭借研发的 R290 环保冷媒空调,让中国企业在新冷媒技术的研究和应用上首次走在国际前列。①

---

① 申明.格力电器:挺起中国制造的创新脊梁[N].科技日报,2013-03-08.

Chapter

04 打造全球最高
服务标准

在中国空调业界,作为领跑者的格力电器,一直倡导服务至上的理念,以期树立空调行业的标杆。格力电器董事长董明珠甚至把"零服务"作为最高目标,尽管要实现这样的目标并不轻松。

董明珠认为,企业最好的服务是不用售后服务。在回答网友关于售后服务的问题时,董明珠说:"作为企业来讲,一定要去追求一些什么?应该是不要售后服务,在源头上把好质量关,保证出来的产品全部是好的。第二是对安装力量加强培训,就是安装过程中必须保证这个产品要安装到位。六年之内消费者都不需要售后服务,不要售后服务我认为是最好的服务。"

正是格力优质的服务,才真正地实现了"好空调格力造"的口碑。正如松下幸之助所言:"服务,无论是在生产还是在销售上,都是首要的因素。"

与售后服务相比,售前和售中服务更重要

在许多企业经营者看来,产品服务的实质就是售后服务,而售后服务主要指的就是产品的维修服务。对售后服务的理解,格力电器的主张

和做法与其他企业有着天壤之别——格力始终把产品质量放在全盘工作的首位。

　　格力电器董事长董明珠认为："服务应贯穿于产品生产营销的所有环节。与售后服务相比,售前和售中服务更重要。"在董明珠看来,与售后服务相比,售前和售中服务更重要。这不仅是对格力产品质量的要求,同时也是用行动来实现对消费者的承诺。

一流的产品品质＋一流的服务＝零烦恼消费

　　在很多场合下,董明珠都说过："我有十足的信心做到,因为我们从零部件提供,到产品设计、产品成型、售后安装等环节,都层层把关,没有丝毫懈怠,以保证卖出去的都是最完美的产品。目前,在售后服务上,我们全面提高售后的专业化,开办技术工程学院,提高员工的专业技术水平,以提升售后服务质量。"

　　在董明珠看来,离开品质这一点,一切服务都是枉谈。众所周知,对于任何一个企业而言,要想使消费者对品牌保持忠诚度,过硬的产品质量和服务都是最佳手段。

　　在广大消费者心中,购买格力空调就意味着有了品质保证。为了保证"买品质,选格力"的诺言,格力始终坚持"质量就是企业的生命。生产出稳定可靠的产品是对消费者最基本的尊重,离开这一点,一切服务都是枉谈"这一理念。

　　格力将服务意识贯穿于产品生产营销的所有环节,在售前、售中、售后一体化的全程服务观上,建立了一切以顾客为中心的产品服务体系和一套独特的标准服务手法。

　　为了保证空调产品的高品质,格力从源头上保障原材料的质量,即从产品的源头"原材料"抓起。在保障原材料的质量上,从 2001 年开始,格力电器加大了对原材料采购程序和运作环节的调整力度。具体的做法是,通过供应部、外管部、筛选分厂、技术部等,层层监控产品的质量,在采购原材料时,坚决做到"货比三家、质量取胜"。

格力电器加强了对原材料的采购监控,杜绝人情关、亲情关,甚至通过公开公正的网上招标等举措,把一批不合格的原材料拒之门外,从而保证了原材料的质优价平。这些措施保证了格力空调万分之一的返修率,而格力空调15年的使用寿命也打破了以往的纪录。

不仅如此,格力电器还在设计和出厂前的质量检测方面苦下功夫。"在您购买之前,我们已经给了您充分的保障",这是格力电器集中精力抓好空调产品质量的宗旨。一台普通空调至少有1500多个零部件,任何一个零部件的质量都直接影响着整机的好坏。为了解决这个所有厂家都会遇到的问题,格力电器采用了一个"笨办法",专门设立了许多空调厂家独一无二的零件检验分厂——筛选分厂,由500多名分厂员工对所有的零部件进行严格的筛选检验,不合格的元件器材一律不能上生产线。

董明珠强调,格力空调在设计中,始终秉承"不拿消费者作试验品"的原则,不成熟的产品决不轻易投放市场。格力空调目前拥有国内技术水平最高、设备最齐全的长期运转实验室,产品在投放市场之前,一定要经过三个月至一年甚至更长时间的长期运转实验,测试在恶劣的工况——如超低温、超高温、高湿度的情况下,空调正常运行的可靠性,尽量把空调在实际运转中可能产生的问题全部找出来,并在出厂前全面解决掉。为了保证产品的可靠性和耐用性,格力电器更是巨资引进国内外先进设备,其建成的170多个"国家认可试验室",均是目前国内乃至世界领先的空调试验室。

正是通过这些努力,格力电器才获得了"买品质,选格力"的美誉。

在中国空调业内,格力电器一直以品质有保障而著称,2005年至今,格力空调产销量连续9年领跑全球,用户超过3亿。这些业绩的取得,与格力空调狠抓质量和服务是分不开的。

透过格力电器的服务理念,我们可以从中解读格力空调与众不同的品质服务。从"您的每一件小事,都是格力的大事"到"不拿消费者作试验品",从"强化质量意识,超越售后服务"到"一流的产品＋一流的安装服务＝零维修",格力空调在服务理念上的每一次跃进,在服务内容上的每一次革新,都走在了空调行业的前列。

让服务贯穿产品研发生产销售等环节

众所周知,市场上都是消费者在用人民币投票。作为格力董事长的董明珠坚信,要做好营销工作,必须牢牢抓住消费者的心。人心绝不是靠甜言蜜语、无止境的许诺就能抓住的。格力电器只有凭借优质的产品和真切的服务给消费者带来看得见的利益,才能赢得"买品质,选格力"的美誉。

正如日本松下电器的创始人松下幸之助所言:"服务,无论是在生产还是在销售上,都是首要的因素。"

朴实的真理总会历久常新。在21世纪的今天,优质的服务不仅仅是企业在市场竞争中赢得胜利的武器,更是企业生存和发展的看家技艺。在本来十分有限的价格空间里,企业光靠价格手段已经很难赢得市场。在产品同质化愈发明显的今天,企业要想在高手如林的竞争中脱颖而出,必须以优质、独特、创新的服务,不断满足顾客的需求,才能赢取消

费者的青睐。^①

中国已经"入世"十几年，外资服务企业对中国庞大的服务业市场虎视眈眈。可以肯定，中国服务业将受到巨大冲击，服务业竞争将更为多样化，内容将更为深化，消费者对服务的要求也会更高。如何迎接这一挑战，是中国制造业尤其是中国家电行业企业，面临的一个重大问题。

客观地讲，优质售后服务是建立在良好的产品质量、诚信等基础之上的。在今天的中国家电行业，由于竞争激烈，售后服务已经成为一些品牌企业赢得消费者的一个竞争策略。

面对竞争者的售后服务宣传，格力电器的应对策略是，优质的产品才是最好的服务。格力电器董事长董明珠强调，"服务应贯穿于产品的研发、生产、销售等所有环节，与售后服务相比，售前和售中服务更为重要，优质的产品才是最好的服务，空调卖出后，最好八年不和用户见面"。

为了践行"优质的产品才是最好的服务"这一服务理念，格力电器坚持不懈地推行精品战略。当然，格力电器也为此投入了高昂的成本。例如，空调室外机用冷轧钢板容易生锈，格力就毫不犹豫地用价格昂贵的镀锌钢板，即使在盐雾大的海边使用也不会生锈，而仅仅这一项每年的成本就要增加好几千万元。^②

又如，为了降低生产成本，许多空调企业不得不采用 0.75 毫米厚铜管，而格力电器为了践行"好空调格力造"的理念，其空调一律采用 1 毫米厚的铜管，这就大大地减少了铜管泄漏冷媒的几率。

事实证明，与售后服务相比，售前和售中服务更为重要。当然，要做

① 佚名.济南精威石材雕刻机厂售后转型创新成功[EB/OL].2014.http://www.stone-ws.cn/news/china/2011-06-28/1415.html.

② 刘莉.格力不需要售后的服务才是最好的服务[N].信息时报,2011-03-11.

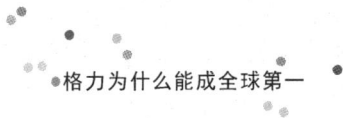

好售前和售中服务,就必须做好质量管理。众所周知,一台空调是由成百上千个零部件组成的,每个零部件合格与否直接关系着整机的性能。为此,格力电器成立了业内首家筛选分厂,安排 1500 多人利用先进的检验设备,对进入生产线的每一个零部件进行 100% 的严格筛选和检测,"宁可错杀一千,绝不放过一个"。不仅如此,格力电器还组建了 2000 多人的质量控制部门,平均每 10 个工人中就有 2 名质检员,对所有生产环节进行 100% 的质量监督和控制。[①]

不需要售后服务才是最好的服务

对于任何一个企业而言,过硬的产品质量都是企业生存和发展的保证。如果产品质量太差,企业就是提供再好的售后服务也是枉然。在格力电器,售后承诺如同其广告标语——"好空调格力造"一样。一些家电企业为了赢得消费者的关注,提高企业美誉度和受关注度,可谓是各出奇招。格力电器董事长董明珠高调宣布,不管空调市场怎样变化,格力电器的营销永远都是把"符合消费者需求放在第一位,格力电器始终倡导,不需要售后服务的服务才是最好的服务,真正实现顾客零烦恼,是格力产品和服务的追求"。

在董明珠看来,"不需要售后服务才是最好的服务",作为负责任的企业,真正对用户负责的服务应该涵盖售前、售中、售后三个阶段,只有做好这三个阶段,才是真正完整、让人放心的服务。

格力电器把服务重心放在售前环节,即严格控制每一台空调产品的品质。格力电器的做法不仅减少了售后服务环节的压力,更重要的是,还减少了消费者在使用过程中遇到的诸多维修麻烦。因此,格力电器力

---

① 刘莉.格力不需要售后的服务才是最好的服务[N].信息时报,2011-03-11.

争空调在售后八年中不出现维修问题,即"八年不跟用户见面",这是格力电器所追求的目标。

从 2005 年 1 月 1 日起,坚持"不需要售后服务才是最好的服务"的格力电器,一律执行整机(包含所有零部件)免费包修六年的售后服务新标准。在当时,国家标准规定,家用空调器整机仅须包修一年(主要零部件包修三年),而格力电器的免费包修六年标准已经大大超过了国家强制性标准和行业标准,成为中国内地空调行业第一个将空调的包修期延长至 6 年的企业。

对此,董明珠在接受《中华工商时报》采访时坦言:"我觉得这是一种进步。我们去年卖了 700 多万台空调,我算了一下,如果是 1‰坏了,就是 7 万台需要维修,就应该会有 1 亿元至 2 亿元的资本要投入。格力在前年提出'八年不维修'的目标,就是要求工人提高生产技能,使产品保证在八年中不出问题,不用维修,要求我们的员工在每一个环节上都保证不出错。两年下来,我们觉得产品质量能够保证六年免费维修,就喊出'六年免费维修',这不是一句口号,而是承诺。对消费者的承诺是要兑现的,不兑现就会失去民心,消费者再也不会买你的产品。正因为对产品质量有信心,基本不需要维修,格力才提出这样的口号,说明我们的产品质量高。这对我们自己来说,也是很大的压力。"

格力电器曾宣布,自 2011 年 1 月 1 日起,消费者但凡在中国内地购买格力变频空调,均可享受格力电器提供的"一年免费包换"服务。格力成了中国空调行业首次承诺变频空调"一年免费包换"的企业,从而担负起引领行业潮流的重任。

在广州地区,格力电器更是针对性地对 2011 年 3 月 11—15 日期间购买的变频空调实行 12 年包修的政策。这也是 2011 年 3·15 期间,格力电器送给用户的一份"厚礼"。①

格力电器提出,售后服务升级的目的并不是仅仅为了关注售后服务,而是希望通过该活动给消费者传达一份信心:格力在经过 20 年的沉淀后,有足够的实力和底气引领行业服务标准的提升。②

打造全球最高服务标准

在 2005 年年初,格力电器执行"整机免费包修六年"的服务标准,而此前国家对家用空调器的强制性标准是"整机保修一年,主要零配件保修三年"。这意味着格力电器此举大大地超过了国家的强制标准。

率先执行"整机免费包修六年"服务标准

格力电器不仅以过硬的质量著称,其售后服务也为中国空调行业所称道。众所周知,素有"半成品"之称的空调产品,比任何家电产品都依赖安装、保养等售后服务环节。在 2005 年,按国家强制性标准规定,家用空调器"整机保修一年,主要零配件保修三年"。即使中国其他空调品牌,最长的整机保修期也就三年。

为了更好地向消费者传递"好空调格力造"这一句广告词,在 2005 年年初,格力电器高调宣布,格力生产的空调产品一律开始执行"整机(包含所有零部件)免费包修六年"的售后服务新标准,其中包括压缩机、各类风扇电机、主控板等家用空调的所有零部件。

---

①② 刘莉.格力不需要售后的服务才是最好的服务[N].信息时报,2011-03-11.

　　格力电器的售后服务标准大大超过了国家强制性标准和行业标准，格力成为行业内第一个将空调的保修期延长至六年的企业，这进一步印证了"格力水准，行业标准"的口号。而格力做出这样的承诺绝不是信口开河。

　　据了解，格力电器在做出六年包修的服务承诺之前，曾进行了长达两年之久的准备工作。格力电器先是从内部管理贯彻入手，招聘并培训大量的配套人员，出台了近60项与之配套的细节维护政策、备件政策等，在硬件和软件上都进行了全面的大幅度的扩充和升级。

　　当格力电器高调发布空调"整机（包含所有零部件）包修六年"的售后服务新标准后，一些媒体记者对这一承诺颇不以为然，甚至质疑格力电器是不是以此来炒作。

　　面对媒体的质疑，董明珠阐述了做出"整机包修六年"服务承诺的真正原因："首先我想说的是，格力做出任何一项决策都是将消费者的利益放在第一位的。按照一般空调8～10年的寿命来计算，格力'整机六年包修'的售后服务标准，实际上意味着对空调产品提供终生免费包修。格力2001年的销量是756万套，敢于提出'六年包修'不是心血来潮，更不是为了炒作。这一方面是源于格力对自己的产品有信心，另一方面也是有企业实力做保障的。"

　　在董明珠看来，空调是半成品，完整意义上的空调产品还包括安装、养护和维修。出于"半成品要交给有心人"的考虑，格力电器把销售、安装和维修任务交给有业务能力的专业经销商，由他们完成空调产品的另一半工作。厂家和经销商共同履行一条龙服务，生产、销售都由专业人员完成，经销商实际上成为企业的一个服务部门，这样消费者享受到的才是优质产品、优质服务。实践证明，这种销售方式相当有效，格力空调在消费者中的口碑非常好。

与一些空调企业所做的售后服务不同,格力电器的服务更加注重服务的内容,注重从心理上消除消费者的后顾之忧。格力电器认为,空调服务应该贯穿于生产过程中,与售后服务相比,售前、售中服务更重要。产品质量是服务的第一道工序,售前服务、保证质量是给消费者最大的实惠,安装是第二道工序,属于售中服务。格力在全国各地建立完善的网络,严格培训安装人员,严格监督,解除消费者的后顾之忧。在售后服务上,格力有数千家特约维修点,维修人员呼之即来,来之能干。三重的服务保障使格力的信誉越来越好。经销商乐意推广格力品牌,为消费者服务的积极性也更高了。

格力电器"整机包修六年"的服务承诺引起了媒体的广泛关注,一些媒体记者担心格力以前曾提过"八年不和用户见面"的口号,如今又提出"六年免费包修"的服务承诺,这二者是否相冲突呢?

董明珠的回答是:"其实这并不矛盾。'八年不和用户见面'是我们的目标,而'六年免费包修'则是售后服务的一项保障。都是对消费者负责到底的表现。"

在董明珠看来,格力电器一直以来都坚持走自己的路。随着空调业微利时代的到来,市场要求企业行为必须更加规范化。空调业再也不能单纯地以"价格战"去赢得消费者,质量才是最重要的。

短短几年,使用格力空调的消费者越来越多。格力电器不仅把过硬的空调产品质量作为自己的追求,还力图打造全球最高服务标准,使格力空调走入千家万户。作为格力电器董事长的董明珠曾在多个场合表示,格力今天的成就很大一部分来自于格力空调的质量和全球最高服务标准。

"完美变频 12 年包修"是对消费者切身利益的保障

随着顾客个性化消费意识的增强,企业不得不提高产品质量和服务标准,这不仅直接反映企业的实力,还左右着消费者购买产品的决策。一旦消费者不认可某个企业的服务,那么该企业的产品很可能会被市场淘汰,企业也可能会被淘汰。

在产品服务上,企业所面临的是最直接、最残酷,也是最致命的竞争。许多企业都很重视这一层级的竞争,因为它涉及企业的销售额、利润率,企业未来的发展。企业与企业在第一线竞争的就是产品和服务。这是关系到企业生死存亡的问题。为此,格力电器首创了"完美变频 12 年包修"的服务承诺。

事实证明,从 2005 年 1 月 1 日起,格力电器率先执行"整机六年免费包修"的服务标准,该项服务此后成为中国空调行业售后服务的最高标杆。

不仅如此,格力电器为了挑战自我,在 2010 年五一劳动节期间,在中国空调业率先执行"完美变频 12 年包修"的售后服务政策。此举不仅给予消费者实实在在的售后保障服务,同时也把中国空调行业售后服务标准提高到一个新层次。

格力电器高调宣称,但凡在 2010 年 4 月 30 日至 5 月 4 日期间购买格力变频空调的消费者,均可享受"12 年包修"的售后服务。

与此前某些空调企业推出的"10 年保修""终身保换""免费年检"等服务概念有所不同,格力电器此次推出的"完美变频 12 年包修"服务具体包括:一是 12 年的包修年限在中国空调行业无人能及,这是以格力电器在变频空调领域的强大实力以及多年来所形成的良好的质量管理体系为基础的;二是"包修"而非"保修",即 12 年之内包含所有零部件在内的任何变频问题均能享受"全免费"的维修服务；三是活动期间购买的所有格力变频空调都在服务之列，不限机型，不限冷媒种类，不限技术种类。

基于上述三种保障，格力电器才敢做出"完美变频12年包修"的服务承诺，格力电器有关负责人坦言："我们对自己的产品有信心，我们更要对用户负责！"

格力电器"完美变频12年包修"的服务承诺，绝不是一句简单的承诺，而是格力电器"客户效益第一，格力效益第二"的服务观念的延伸。事实证明，只有让消费者在购买产品后获得了满足，企业才会获得回报。

为了更好地给消费者提供质量过硬的产品，董明珠提出了"客户效益第一，格力效益第二"的服务观念，并把这种观念纳入到企业文化建设的范畴中。

在董明珠看来，企业获得效益的过程主要有三个环节：一是发现消费需求，二是满足消费需求，三是企业获得效益。

企业要想获得效益，就必须提供质量过硬的产品和服务。格力电器的服务是做得最为坚决和持之以恒的。近年来，由于一些空调品牌纷纷在售后服务上炒作概念，如"八年保修""十年保修"等等，消费者一时无从辨别，也很难理解。对此，一位业内权威专家撰文指出，"保修"和"包修"是两个完全不同的法律概念："保修"是可以收费的，而"包修"则是完全免费的。

早在2005年，格力电器就执行"六年免费包修"服务。按照一般空调8～10年的寿命来计算，格力空调"整机六年包修"的售后服务标准，实际上意味着对空调产品提供终生免费包修服务，这是一项真正为消费者带来实惠的举措。

服务进步远比技术进步重要

在一个完整的营销体系中,优质的服务是不可或缺的。事实证明,越是口碑好的跨国企业和本土百年老店,越是重视服务。

在中国家电行业中,格力电器也不无例外地非常重视售后服务。随着空调的普及,消费者购买空调产品的热情越来越高。然而,消费者顾虑的是,由于对各种设备的使用较为生疏,他们害怕购买的机器坏了没人修。

针对这种疑虑,董明珠明确地告诉消费者:"买格力空调可以让用户彻底放心。因为只有真服务,消费者才会买账。"

格力电器在 2005 年执行"六年免费包修"售后服务,不仅是出于对自己产品质量的充分自信,还因为一旦没有高品质作保障,厂家就只能一天到晚修空调了。许多品牌标榜"保修"只是保证会提供维修服务,但按国家政策规定保修是可以收费的。而格力空调实行全部免费包修,尤其是六年内更换任何零部件均不收费。这样的售后服务给消费者提供了信誉和保证,使许多消费者指定要购买格力空调。

格力电器实行"六年免费包修"售后服务后,不仅一举超过了国内外的竞争对手,同时还树立了空调行业服务的新标杆。在这里,我们来分享一下格力电器的售后服务。

第一,包修政策

整机包修六年。包括:压缩机、各类风扇电机、主控板、接收头、温控器、遥控器等家用空调所有零部件。从 2005 年 1 月 1 日之后购买开始执行。

以下不属包修范围:

（1）消费者因使用、维护、保管不当造成损坏的；

（2）非我公司指定的特约技术服务单位所安装、维修的。

第二，免费安装政策

格力电器生产的所有空调，其分体、立柜式、吊顶式、天井式空调均实行免费安装。

但下列情况与用户协商收费：

（1）需加长连接管；

（2）超过四楼在墙外施工（阳台施工除外）；

（3）在厚度超过120米的钢筋水泥墙上钻洞和超过1个以上的墙洞；

（4）搬拆移位重安装的；

（5）安装铁架等材料费。

下列情况属收费安装：

（1）窗式空调器；

（2）移动空调钻排气口洞；

（3）无有效发票或购买证明，又无免费安装凭证、无条码的。

注：对被抽取安装结算条形码的情况，若空调上有条码的可以免费安装，并记录条形号码。如机器上的条码也被撕去的情况，则不能实行免费安装。可由用户和购买商店交涉，可换货或退货。交涉未果的应及时向当地销售公司申报情况。

第三，退机政策

在包修期内，符合下列条件且用户拒绝修理或换机，可以退机：

（1）自售出15日内，发现主要性能故障，如压缩机故障、换热器内漏、外壳严重损坏等；

（2）装机一年之内，连续二次仍无法修好（指主要性能），用户坚持退机的。

第四，换机政策

自售出之日起一年内，主要性能连续修理二次不能正常工作的，可换机，并按新三包规定，重新起算包修期限（仅限更换部分）。

第五，对消费者的承诺

（1）新机购买之日起 15 天之内发生主要故障的，可退换；

（2）新机自购买之日起一年内因主要性能故障而修两次以上的，可免费更换新机；

（3）自购买之日起 24 小时内安装；

（4）接到用户报修通知起 24 小时内联系用户、安排修理；除因等待配件原因外，在三日之内修理完毕；

（5）退机折旧费自购机之日起按每日 0.5‰ 核收，三个月内免收折旧费。

确实，格力公司的服务精神无处不在，覆盖所有的用户。格力空调一直致力于建立全球标准化的售后服务体系。至今为止，遍布全国的服务网点有 9000 多个，这些网点都受到过科学化、标准化、系统化的培训，同时还通过了国家质量技术监督局有关部门的考核，取得了服务资格证。

对此，董明珠指出，服务进步远比技术进步更重要。自从格力电器"整机六年免费包修"售后政策执行后，中外空调品牌企业也纷纷跟风和效仿，宣布推出类似的措施。

强化质量意识，超越售后服务

随着市场供需的变化，今天的顾客已经不再满足于物质上的拥有，追求的是更高层次的满足感。一些企业为了赢得消费者的认可，开始重视、尊重、迎合消费者的需求。这正是服务经济时代的主要特征。对于任何一个企业来说，其产品生产出来最终都是为了服务于消费者。格力电器董事长董明珠认为，如果没有质量做支撑，营销就是行骗。消费者对格力的产品最挑剔，就是对格力最爱护。集中全力练好企业内功，在科研开发产品上下功夫，在产品质量控制上挖潜力，这些是格力一贯的宗旨。格力空调的质量观是一种大质量观，不仅包括单纯的产品质量，还包括企业的服务质量、营销人员质量、厂商关系质量。[①] 因此，任何服务都必须建立在产品质量的基础之上，这也是企业服务的根本所在。

售后服务是一切为顾客着想的开始

随着企业之间的竞争日趋激烈，随着日系、欧美系品牌空调企业的步步逼近，中国空调业面临着前所未有的挑战和机遇。机遇在于，服务质量的优劣决定着企业的成败，谁能为顾客提供优质的产品和服务，谁就能赢得顾客，赢得整个市场。

据董明珠介绍，格力为了更好地做好售后服务："回访了 4000 万用

---

① 华股财经网.董明珠：以人为本的服务意识[EB/OL]. 2014. http://finance. huagu. com/rdsm/1404/243679. html.

户,做的就是不同于售后服务的亲情服务,这个活动投资很大,但很值。我算了一笔账,如果我们做一个单纯的售后服务的广告活动,在一家报纸上半个版就是几万元钱,如果全国都做,需要投入几千万元。现在,我们把这几千万元实实在在地投给消费者,变成对消费者的回报和亲情。"

早在 1999 年,格力电器就开始重视服务了。从 1999 年 11 月至 2000 年 5 月,在中国内地,格力电器对 800 万用户进行了回访,开创了中国空调行业回访客户的先例。

在此次声势浩大的回访客户的服务中,格力电器不仅向数百万老用户免费提供规范的空调保养服务,而且还向他们介绍了空调的使用、保养、维护方面的常识,派发了服务监督卡,收集了大量的有益建议。

1999 年 10 月,格力空调"全国 800 万用户大回访"在湖南正式拉开序幕。据悉,湖南有 6400 万人口,对此,格力总部共调派了百余人的维修队,配合湖南公司的维修点及工作人员进行此次巡回保养活动。

格力电器主动上门回访显然让许多用户出乎意料。一位格力空调消费者接到免费上门保养的电话后,十分惊奇地问:"真的是免费服务吗?我怎么没听说过买了东西这么久了,我没找你(厂商),你还主动来找我的。"回访事实上让消费者明白了格力电器的诚意和服务理念,也让消费者明白了空调养护的必要。

格力公司认为,回访客户不是产品质量问题的售后服务,也不是"随叫随到""24 小时服务"的产品维修活动。格力电器回访顾客的意义在于,这不仅向新增用户提供了高质量的跟踪服务,同时也通过新一轮的大回访,使广大用户更深切地感受到格力细致入微的关心。

"想消费者之所想,急消费者之所需",格力电器在为消费者提供优质产品的同时,通过回访客户的售后服务,更好地为消费者提供空调保养服务,细致耐心地使格力电器的专家服务深入到千家万户。

很显然,格力电器与其他空调企业的售后服务不同。尽管同样是空调销售,格力为用户提供的服务内容却截然不同。格力电器通过回访客户给用户提供的服务,与"售后维修服务"带给用户的价值在本质上是有天壤之别的。通常,"售后维修服务"是"亡羊补牢"的服务,是空调企业对产品缺陷的一种补救行为,这种行为本身不会给用户带来任何新的价值。

而格力电器一直坚守品质,通过"回访客户"的形式从新的视角对客户服务做了独特的诠释,产生了一种超越售后服务的价值。这种价值就是,把企业的长期目标同企业对消费者的长期责任有机地融合起来,以亲情般的方式为用户带来长期实利,进而展现出格力与众不同的鲜明个性。

强化质量意识,超越售后服务

对于任何一个企业而言,要赢得客户的认可,服务问题都是非常重要的。市场即战场,尽管这个比喻有些残酷,但是却很恰当。在商场上,市场竞争是争夺消费者的斗争。市场竞争的核心是争夺消费者,谁争得多、保持得久,谁就是胜利者。竞争不是直接伤害对手,产品质量是基础。但随着科学技术的进步,一般产品质量相差得并不很大,而且有些技术很容易解密,因此,能够赢得消费者的决定性因素很可能就是"提供高质量的服务"。

对此,格力电器前董事长朱江洪坦言:"格力电器的理念在消费者那里得到了如出一辙的回应。投入数千万元亲情服务一回,这是需要胆识的。在国内,格力电器第一个这么做了,而且做得轰轰烈烈,让人回味无穷。格力电器此举不仅是向消费者介绍了一种日趋完善的服务方式,同样它也是在导入一种超脱于价格战、抢滩战的新领域,即在服务上的全面竞争。如果此举能带动国内家电行业共同提高在国际服务竞争中的战斗力,那么这就不仅是消费者的福音了。由于格力在服务理念上进行了全面提升,所以消费者感受到的必然会是一个持续的、长期深入的亲情服务,而不会像家电商战初级发展阶段中的那些普通而暂时的促销活动一样昙花一现。有人对我说你格力空调好,但我们很少听见你们宣传格力售后服务好,这是怎么回事呢? 我说,如果你是个消费者,你是乐意买一个不用售后服务的产品,还是愿意买一个总要售后服务的产品呢? 如果是多 500 元,你也许会乐意买一个省心的产品;如果便宜不省心,那一定是最大的无效消费。"

在朱江洪看来,格力电器的产品目标是制造出不需要售后服务的让人省心而优质的产品。

据朱江洪介绍,在此次回访客户活动中,格力电器发现产品有老化现象,这个问题给格力电器提出了更高的质量要求。5 年老化了,那么格力电器能否制造出 10 年不老化的产品呢? 实在的广告宣传应该让消费者了解到产品的实惠,而不是单纯的促销。

朱江洪认为,口碑好是最难做到的,也是最实在的。广告是短期效益,口碑是长期效益。回访活动使格力电器收到很多表扬信,很多人感谢格力电器敲开他的家门,把服务送到身边。也有些人很不希望接受售后服务,认为产品使用得很好用不着再三提醒,用不着来虚的。但格力电器的服务是帮助消费者保养空调,所以消费者更易于接受。

回访客户的行动体现了格力电器的使命感,它说明格力电器并不为自己的产品担心,而是敢于站出来与国外同行产品竞争。在回访客户的过程中,格力也得知了许多消费者对格力电器信心十足。

回访结果也给格力电器提出了更高的要求。在售后服务中,格力电器面对的是消费者,格力电器拥有几千个经销商,让经销商和格力电器形成统一的意识是很难的;但格力电器能及时对各种反馈上来的信息加以总结,再逐一调查落实。在这当中,格力电器在经销过程中的一些欠妥做法、在服务网络中的缺失,甚至是产品本身的质量问题,都通过用户这一质量岗哨向企业及时通报,从而使企业马上做出改进。

在回访客户这个问题上,朱江洪看得更远。朱江洪将回访客户服务概括为"五个转变":

第一,从被动服务向主动服务转变。在之前,都是用户在使用产品中有问题了找厂家,而现在是产品没有问题,格力电器主动回访用户。过去是消费者一投诉,格力电器派人去解决,现在是还没人投诉,格力电器就主动上门。朱江洪形象地将之比喻为:被动是有病才医,现在是小病就医好,没病防病。

第二,从售后服务向售前、售中、售后一条龙服务转变。售前、售中服务是格力电器最先提出来的。据朱江洪介绍,售前服务从设计上就得考虑。格力电器提出设计的四个面向:首先是设计师设计的东西要适应消费者;其次是要适应生产者,生产方便,不会出问题(一条螺钉设计得没错,但不便安装也不行);再者是面向安装维修者,安装得体,修理方便;最后是面向企业的所有者(老板),不能浪费成本。售前搞好了,售中就会简单得多;售中搞好了,售后才舒服。

第三,向消费者灌输使用知识,让消费者与企业配合服务,也就是从自我了解到消费者共同了解的转变。

第四,由企业行为向社会行为的转变。空调产品已不是单纯的企业行为,一个企业不可能把服务的各个方面都做好,要发动大家来做。格力电器加强与社会力量的结合,加强维护,加强监督。据朱江洪介绍,他到巴西,人家装空调,一台安装费 800 美元。人家三个人两天安装一台,中国则一人一天装 6 台。人家非常认真,国内这方面不太认真。因此,格力电器必须加强监督,让用户作为格力电器的监督者,逼着企业把每个环节的工作做好,从而赢得"上帝"——消费者的认同。

第五，从虚到实的转变。虚的没用，要实实在在让消费者满意、感动。对此，中国质量万里行组委会主任、著名经济学家艾丰对格力电器"4000万用户大回访"的意义做了概括。艾丰说："格力作为一个有个性、做事扎实的企业，4000万用户大回访是从售后服务入手，对服务内容进行扩展、深化。"

强化空调产品的服务

对于任何一个企业而言，要想提升用户的忠诚度，服务都是一个重要的筹码。随着消费者自我意识的提高，谁能给消费者提供更好的服务，谁就能赢得消费者。

在美国《家族企业》杂志发布的"全球最古老的家族企业榜"上，我们不难发现，上榜家族企业的一个特点是其知名度都非常有限。可以说，在这100家长寿企业中，大多数知名度非常低，并不"驰名世界""全球闻名"。这100个古老的家族企业的名声名气，或在几个国家的范围内，或就在一国之中，或在一个国家的有限区域内，甚至就在某个城市乃至更小的范围里。[①] 但这些古老的家族企业依靠优质的服务，赢得了当地消费者的认可，最多的已有1400多年历史。

在如今的商业世界里，服务依然是企业与消费者之间最直接、最具个性、最有文化内涵、最有感情的互动方式。在日常的互动中，服务人员在消费者眼中就代表了企业，每次服务也都是针对个别的消费者。由于消费者的社会地位、经济收入、职业、文化教育水平、年龄以及性格不尽相同，他们在实际购买商品的过程中所表现出来的心理特性也各自不

---

① 袁家方. 老字号——世界话题[EB/OL]. 2014. http://www. whcn. org. cn/printpage. asp？Article ID＝237.

同。优质的服务,无疑将成为企业最有利的、最能争夺消费者的筹码。

正如朱江洪所言,"得民心者得天下"。如果把争夺市场比喻为争夺天下,格力电器又何尝不是如此呢?"4000万用户大回访"活动的成功,使格力更加坚定了这样一种信念:靠价格竞争、广告竞争毕竟不是扩大产品市场的长久之计,只有靠可靠的质量和真诚的服务,才能与消费者达成真正意义上的以心交心、心心相印的沟通。人心为上,这才是产品驰骋市场、征战天下并最终立于不败之地的不二法门。

为了更好地服务于消费者,格力电器在回访用户时,不仅保养和维修格力空调,同时还主动承担起一些退市空调的维修服务工作。

一些空调企业由于自身的竞争力不强,在市场竞争中倒闭了。然而,这些空调企业销售出去的空调在"三包期"过后无人问津,成为"孤儿空调",没有企业负责维修,用户只能求助"游击队"维修人员。

为了解决这个问题,从2008年开始,格力电器陆续对退市空调品牌进行义务集中救助,以实际行动为消费者提供最好的保障,同时也是为了促进行业更好、更健康地发展。①

除了免费保养、六年包修,格力还倡导了"八年不跟消费者见面""1+1=0(一流的产品品质+一流的安装服务=零烦恼的消费新体验)""没有售后的服务是最好的服务"等超前的服务理念。为了保障消费者的利益,格力电器始终推行让消费者满意的贴心售后服务,全国9000多个售后服务网点、2万多名专业的维修服务人员成为格力践行全球最高售后服务标准的保证。②

---

①② 王席乐.没有售后的服务就是最好的服务[N].河南商报,2010-03-12.

Chapter

05 国际化其实就
是品牌全球化

近几年,企业国际化已经成为与创新一样的热词,这显然与国家战略有关。格力电器的国际化步伐已经顺利地走过 10 多年,几乎与中国加入 WTO 同步。

在"走出去"国际化战略的积极探索中,格力电器一直都是坚持稳健发展,其步伐相对来说还是较为保守的。

董明珠坚持"先有市场,后建工厂"的"走出去"原则,只有当格力电器的产品在当地市场有了一定影响力和市场份额后,她才会去考虑建工厂。

不仅如此,董明珠认为,国际化不是寻找成本低的生产国,而是力争达到资源的优化配置。因此,格力电器的"先走出去,后建工厂"战略给中国内地其他想"走出去"的企业提供了一个可供参考的范本。

格力电器有责任让世界了解中国

在如今的公司帝国时代,了解一个国家,往往是从企业或者产品开始的。当我们提及美国时,会想到微软操作系统和苹果手机;当我们提及德国时,会想到奔驰汽车;当我们提及韩国时,会想到三星手机……因此,在格力电器的国际化战略中,一个重要的目标,就是格力有责任让世界了解中国,了解中国产品。这不仅是企业的社会责任,同时也是中国企业应尽的义务。

通过格力空调让世界了解中国

最近几年,一度让中国人引以为傲的"中国制造"成为西方媒体诟病的热门话题。玩具召回和食品安全等事件,引发了一系列关于"中国制造"的大讨论,美国《华尔街日报》更是用"危机"来描述"中国制造"遭遇的困境。

"中国制造"为什么会遭遇这样的危机? 主要的原因是,从事制造业的人只想着赚快钱,为了取得订单而竞相压价,结果为了盈利只能偷工减料。有些企业在国际市场中没有定价权,却有一种"我得不到的东西你也别想得到"的心态。① 正是很多企业的这种心态,让"中国制造"陷入重重危机。

法国市场调查公司 Ipsos 的调查结果显示,中国人最推崇"物质至上",同意"我拥有的东西衡量成功"这一说法的比例竟然高达 71%,详见图 5-1。

在重重危机之下,"中国制造"被国际市场贴上"廉价、质量差"的标签。如果这一危机继续蔓延,不仅危及中国制造企业,还会给中国的国际形象带来严重的负面影响。

面对如此严峻的形势,格力电器董事长董明珠认为,着眼全球市场

---

① 刘方平. 为什么几十年来"中国制造"质量越来越差[EB/OL]. 2014. http://www.leiphone.com/why-made-in-china-become-worse.html.

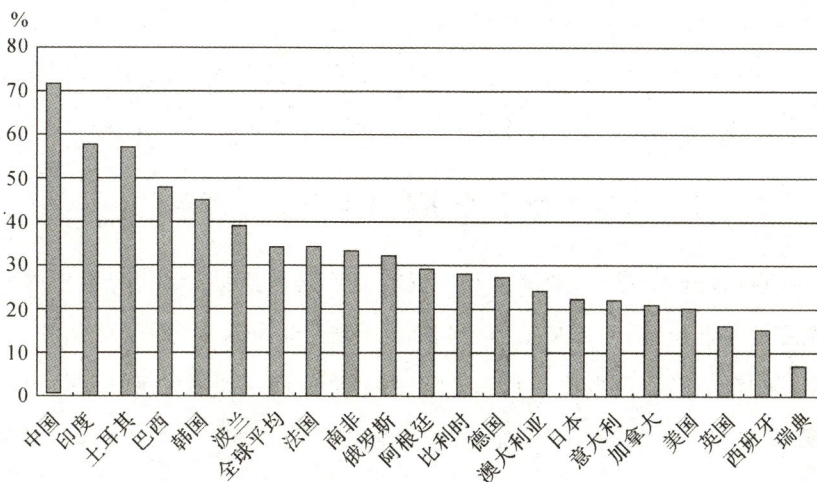

图 5-1　各国调查结果

的中国企业都有一个责任，就是让世界了解中国。

董明珠举例说："我在中东的时候，当时中东的经销商告诉我，他们都在想格力质量这么好，能不能不要在中国生产，在中东地区一讲中国制造，别人就不想买你的产品，因为中国制造就是低质低价，要搬到泰国生产他们就好卖很多。我说'错了'，我就是要在中国生产，要让中国制造让你们震撼，让你们知道中国是最有力的，中国是最诚信的。但这光靠一个格力是不够的。现在这几年下来他们改变了，认为中国制造也可以是最好的。所以现在格力电器有三个品牌：一个是大松、一个是晶弘、一个是格力。别人讲，格力现在信誉这么好，你不能借船顺道就出海，多好的事情，干什么还要多打造品牌？我觉得就是要通过这样让世界上更多的人都来了解中国。"

董明珠还这样说道："中国有很多优秀的企业，但因为有一小部分企业不重视自己的品质，没有把消费者的利益摆在首要地位，影响了我们中国制造的整个形象。一个企业走出去，一定要有责任意识，要让别人感受到我们的诚信和善良。"

在董明珠看来,产品在服务于人的时候并没有国界,它应该具有先进的技术,能让人花更少的钱享受到更好的生活。

国际化不仅仅是赚钱,更要提升中国企业形象

在国际化战略中,中国企业不仅需要依据本身的实际情况做出国际化路径的选择,同时还必须担负起提升中国产业形象的重任。

据格力电器董事长董明珠介绍,格力电器倡导国际化不仅仅是为了赚钱,更要提升中国产业形象,想通过格力空调让世界了解中国、了解中国制造。

据董明珠介绍,在 20 世纪 90 年代末,朱江洪在一次考察欧洲市场时,途经法国海关,工作人员对朱江洪是先恭后倨,原因是工作人员起初误以为朱江洪是日本人,当工作人员发现朱江洪是中国人时,不但笑容没了,甚至还故意刁难。

正是这次不寻常的欧洲之旅,激发了朱江洪把"格力"打造成世界品牌的决心和勇气。朱江洪说:"中国企业有责任和义务改变外国人对中国产品的偏见。"

在此后的国际化战略中,格力电器提出了"国际化不仅仅是赚钱,更要提升中国产业形象"的"走出去"战略思想。

要想实施这样的战略,其困难程度是超乎想象的。据董明珠介绍,"低质低价"一度是中国制造在国际市场上的"代名词"。要想改变国际市场对中国制造的看法,就要重新审视企业的行为和思维。"走出去"一定要体现中国的产业形象,让全世界的消费者了解中国,享受到与中国一样的产品质量,而不仅仅是赚点钱回来。

董明珠坦言,目前中国空调出口基本上处于亏损状态,因为国际经

销商不断地向中国空调生产企业压价。而一些空调生产企业为了实现盈利,就开始"偷工减料",这无疑导致了产品品质的下降,从而损害了中国企业,甚至"中国制造"的正面形象。

对此,董明珠告诫要"走出去"的企业经营者说:"走出去不应该盲目,应该让过硬的品质来征服国外消费者。"

在接受《福布斯》杂志采访时,董明珠介绍说:"在全球,中国产品'走出去'确实有两部分背景:一部分是外资产品在中国贴牌,由于过分压低价格,这样就导致企业承受不起,未必能按照很好的标准给你生产产品,可能就会偷工减料。比如电源线原来直径是 20mm,现在外面有塑胶圈,可能就变成 15～16mm。成本的压榨,就会导致问题。格力对国际化的理解和他们不一样的是,别人认为将产品卖到国外,就是国际化,其实不是这样,不能简单这样来看。出口过程中,是想拿市场份额宁可不赚钱,还是又想赚钱,又想占据市场。互相之间有价格竞争。"

在董明珠看来,企业实现国际化战略,必须体现企业的价值。格力电器生产的空调就强调以品质取胜。其实,格力电器的质量战略一直是保证国际化得以顺利推进的关键。

"走出去"就是要改变世界对中国产品的看法

要想提升"中国制造"的含金量,必须通过质量过硬的产品来改变世界对中国产品的看法。因此,在国际化的过程中,格力电器提出了"走出去"就是要改变世界对中国产品的看法。

在格力电器的两任董事长——前任董事长朱江洪和现任董事长董明珠看来,尽管中国是家电的生产大国,但是欧美日韩则是家电强国。

"中国制造"陷入危机的根源,就是没有自主品牌。反观日韩企业的国际化,我们不难发现,在第二次世界大战以后,由于诸多原因,特别是由于日元升值,日本加速了国际化步伐,打造了一批国际化企业,如丰田、索尼、东芝、夏普,等等;韩国企业的国际化进程相对要晚一些,不过,由于韩国政府大力支持企业国际化,韩国也产生了一批国际化品牌,如三星、现代、LG,等等。

中国的空调行业不能没有世界空调名牌。因此,格力电器在国际化过程中,把打造世界知名品牌作为一项重要的战略来抓。朱江洪多次表示,中国是空调使用和制造的大国,空调业的领先品牌无论从哪个角度来说,都应该诞生在华夏的土地上。

在这一理念的指导下,格力电器的海外营收已经有所增长。在2006年上半年,格力电器海外市场的销售收入高达39.84亿元,同比激增76.67%。格力电器2012年年报显示,其国内和海外销售收入分别为755亿元和158亿元,国内外的销售收入比为5∶1。

董明珠在2013年5月20日的股东大会上也表示,此前格力出口几乎没有利润,但这种情况已明显改善。两三年时间内,格力可以在国际市场中取得自主品牌地位。

在国际化战略中,董明珠的思路清晰而坚定:"发展海外市场是为了创一流的中国品牌。中国制造必须尽早摆脱'廉价'的印象,向中国创造进发。作为一个品牌的领导者,我希望有更多的中国品牌能够立足海外,只有这样,民族企业才能撑起中国经济的脊梁,才能代表中国在世界范围内获得话语权。"

董明珠对外界说:"格力电器的目标是占据全球家用空调市场25%的份额,我们最终要让全世界的人都信赖格力空调,就像人们信赖奔驰、宝马一样。"

作为民族企业,格力电器在国际化过程中一定要肩负起树立国家形象的责任。对此,董明珠认为,中国企业要带着一种社会责任感走向国际化,她说:"只有我们到那个国家是给他们带来了福音,改变了他们的生活,改善了他们的生活,这个品牌才具有真正的价值。"

董明珠认为,不能简单用一种模式来做国际化,中国是一个很大的市场,如果一个品牌在中国只有寥寥无几的份额,是不能成为国际化品牌的。她说:"国际化是必然的趋势,我觉得格力要承担企业应该承担的社会责任,才可以走向国际化。"

董明珠举例说,2010年的南非世界杯虽然中国队没能参加,但是世界杯驻地很多场馆、酒店使用的都是格力空调。她说:"中国记者在采访的时候,映入眼帘的就是格力空调,这使他们感觉非常自豪,我们作为格力人也同样感到自豪。"

因此,格力电器在走向国际市场时,就想方设法地树立自主品牌。目前,"格力"品牌空调已出口至100多个国家和地区,甚至"巴西足球明星罗纳尔多家用的就是格力空调!"①

国际化途径是品牌全球化

在空调行业的竞争丛林中,国际市场竞争可谓是硝烟弥漫,惨烈无比。无论在欧美市场、亚洲市场,还是在南美市场、非洲市场,国际空调巨头都必须为了自己的生存杀出一条血路来。在这同台竞技的商业大戏中,各个空调企业都拿出了自家的优势品牌来争取赢得消费者的认可。对于正处在品牌国际化征途中的格力电器而言,其选择的是以树立

---

① 何清.格力国际化模式给中国空调行业的启示[N].消费日报,2006-10-17.

自主品牌为主的发展战略,这反映了中华民族锲而不舍的精神。

国际化一方面是产品走出去,一方面是品牌走出去

2004 年联想成功收购美国 IBM 的 PC(个人电脑)业务后,一些中国媒体把 2004 年称为中国国际化元年。在国际化时代,以联想为首的中国企业吹响了国际化的号角。

在这一波国际化浪潮中,中国企业"走出去"的步伐正在加快,成功并购的案例也越来越多,如吉利收购沃尔沃、三一收购普茨迈斯特、联想收购摩托罗拉……

在中国家电企业的国际化进程中,海外并购也同样如火如荼。如 2010 年 10 月,美的收购埃及 Miraco 公司;2010 年 11 月,开利拉美空调业务公司 51%权益被美的收入囊中;2011 年 10 月,海尔收购日本三洋电机在日本和东南亚地区的部分家用电器业务。① 这一系列成功的海外并购无疑会在市场上击起一轮轮波浪。

在中国企业利用并购来实施国际化战略时,格力电器董事长董明珠是如何看待这样的国际化路径呢? 在接受《福布斯》采访时,董明珠回答了这个问题,她说:"我们购并兼并的空间一直有,我一直没有兼并是因为我觉得企业的文化是需要时间和团队培养和沉淀出来的。如果只是简单的收购,无非是我买了人家的东西,便宜了一些,占了点小便宜。但问题是你买过来要对那些员工负责,他们能不能接受你的文化,你有没有能力去改变他们。如果是简单地买个东西,那就很容易,关键在于文化的传承。我一直不收购的原因是:第一,我们还要在专业化的路上走下去;第二,我们认为企业之间是有文化差异的。比如说科龙对海信的

---

① 黎诗."格命"语录[N].经济观察报,2012-01-18.

并购,买了以后基本经历几任领导了,因为整合不成功,海信基本上没有什么竞争力、生命力了。这个过程中损失了很多,可能是别人无法体会,也无法看到的东西。我觉得如果我们有把握一定能改变被并购方的话,我们才会去收购。如果没有这个能力,就不要去做,害了别人也害了自己。我看了一下,收购别的企业似乎成功率比较低,我总是希望能通过自己的力量去改变别人,那样比较好。"

其实,格力电器的国际化比联想要早。早在 20 世纪 90 年代格力就"出海"了,首站选择在巴西。经过 10 多年的发展,格力已经成为世界知名的空调品牌。

在中国企业中,格力电器是较早推行国际化战略的企业之一。自成立之初,格力电器就十分重视国际化战略。早在 1998 年,格力品牌就已进入巴西各大超市,如今格力电器的国际化之路已经足足有 18 年的历史了。

在国际化进程中,格力电器坚持的原则是"先有市场,后建工厂",即国际化的本质不是产品的国际化,而是消费者的国际化。董明珠称,格力电器在国际化上一直坚持"先有市场,后建工厂"的原则,即使进军美国市场,在美国加州成立分公司,也是如此。格力电器的国际化模式给中国空调行业提供了足够的启示,即国际化一方面是产品走出去,一方面是品牌走出去。

对此,董明珠在接受《财经国家周刊》采访时坦言,国际化途径是品牌的全球化。她说:"国际化一方面是产品走出去,一方面是品牌走出去。前者是低水平的走出去,真正的走出去是后者。例如,奔驰是全球知名品牌,有的车是德国产的,有的车不是德国产的,但都是奔驰。所以,海外市场的拓展首先是让产品走出去,不让外国的消费者认识到产品的优势就不可能实现品牌走出去。在走出去的过程中,我们逐步培养国外的经销商,建立国外的营销渠道。我们不搞突然的并购,而是走潜移默化渐进式的路线。格力 1991 年成立,想一下子把人家上百年的积淀连锅端掉是不可能的。管理国外企业,得先有足够的经验和积淀。准备没做好,我宁愿稳一些。"

在董明珠看来,海外市场的拓展首先是让产品走出去,然后才是品牌走出去。众所周知,自主品牌不仅仅是一个企业产品的符号,也是一个国家民族工业的脊梁,更是一个国家民族人文底蕴的载体和再现。①

格力电器的国际化策略,通常采取"先有市场,后建工厂"的步骤,坚持走质量和技术道路。在这种战略的指导下,格力电器生产的空调产品不以贴牌作为国际化的最终目的,而是真正地打造格力电器全球化品牌。同时,格力电器以"中国发明"为导向,理解市场和客户的需求,生产出中国制造的国际化空调产品。

为了更好地推广格力电器的全球品牌,格力对生产的每台空调都保证其质量。正是因为格力电器在质量上的坚持,格力电器在海外市场频传喜报。不仅如此,在渠道方面,格力也已经在海外开设了多家销售公司和专卖店。

技术是支撑格力电器国际化品牌的核心

格力电器董事长董明珠在很多场合曾公开表示:"企业的国际化,其实是技术的国际领先,是品质的国际领先。对于国际化,我们不能有投机心理,必须做到诚信,这样才能长久。"

在董明珠看来,格力电器国际化品牌的核心基础是技术。格力电器作为"中国品牌"的标杆,在国际化的道路上跨出了历史性的一步,凭借

---

① 何清.格力国际化模式给中国空调行业的启示[N].消费日报,2006-10-17.

空调核心技术的话语权,将"中国品牌"的价值输向全球市场。

据悉,格力电器生产的空调产品目前已进入全球200多个国家和地区,在全球拥有3亿用户,其自主品牌空调产品也已远销全球100多个国家和地区。

在2012年上半年,格力电器的海外销售额就高达92.91亿元,占全部销售额的21.09%。不仅如此,格力电器的自主品牌产品拥有海外销售额的30%,如在新兴国家市场、美国和欧洲等发达国家市场。

这足以说明,技术是支撑格力电器国际化品牌的核心。在打造格力电器自主品牌的过程中,最重要的支撑要素就是技术。没有好的技术,依靠单纯的广告宣传,拓展的只是产品知名度。对于企业的可持续发展来说,只有依靠技术实力才能奠定品牌位置。基于这种理念,格力国际化的每一个脚印,都是技术和实力的彰显。[1]

正如格力电器董事长董明珠表示的:"格力的国际化,我坚持认为不是简单的数字概念,不是赚了多少钱,或者销售额有多少。我觉得更有价值的是格力品牌的走出去。"

事实上,技术的重要性已深入到格力的躯体和骨髓中,正是基于对空调产业未来需求的把握,基于对每一项核心技术细节的打磨,格力的产品规范不但超越了欧洲、美国等发达国家在碳排放、节能环保方面严苛的技术要求,而且在当地经销商的心目中成了不要求售后服务、性能最高的空调产品。[2]

最近几年,由于日本企业的傲慢和偏见,以及官僚主义严重等因素,曾经辉煌一时的日本家电,在如今的全球家电版图上日渐萎缩。与之形

---

[1][2]　长沙格力中央空调销售服务中心.格力输出"中国创造"格力品牌国际化[EB/OL].2014.http://www.hncsgree.com/hynews/129.htm.

成对比的是,像格力电器这样的中国家电品牌却全面崛起。这一起一落间让人们明了谁拥有技术,谁就是市场的王者。

对此,董明珠在接受《财经国家周刊》采访时说:"空调在中国发展这么多年了,整体水平提高很快,跟国际水平差不多了。中国家电行业能在全球崛起,首先靠的就是技术优势。中国制冷行业最早是从家用空调领域起步的,家用空调相对简单,从贴牌生产、散件组装到自主研发,格力率先一步抓质量,后来率先一步抓技术,成就了格力在家用空调行业的崛起。中央空调也是这样,刚开始是外国品牌占据中国主流市场,我们的质量、工艺、技术确实不如人家。经过多年的积淀,我们在很多方面实现了超越。大型机组的质量已经得到了国内消费者的信赖,渠道又非常强大,也做了充分的准备。所以说,是技术和渠道这两个方面,支撑了中国家电的高速增长。"

的确,在如今竞争日趋激烈的空调行业,除了要坚持自身发展的专业化方向,格力电器更需要在国际化过程中放眼全球市场。那么,作为格力电器董事长的董明珠又会怎样看待国际化呢?

在接受《福布斯》杂志上海分社社长范鲁贤的采访时,董明珠坦言:

对于国际化,很多企业都有自己的看法和想法。对格力电器来说,我们认为一个产品、一个产业真正能够国际化,支撑它的是一个国际化的品牌,就是用它的产品的技术、质量和服务来确认它是否是国际化品牌。而不是说你在世界各地有工厂,你就是国际化,那个是简单的国际化。深层次的国际化一定是把自己的优质的产品、现代的高端技术、超越你同行的技术产品,同时还有优质的服务,向国外消费者推销,对消费者负责。我觉得这是国际化的首要条件,没有这些,简单建个厂、出点产品,不能说是真正的国际化企业。是百年企业,它不是做一年。怎样保证它持续发展,保证它是一个真正的国际化品牌,前面讲的三点——技术、品质、服务,我认为是国际化的标准。

当然并不是说打破国界,比如我是中国产品我就是好,美国产品就是好或就是坏,没有这个概念。可能我的产品,作为一个空调产品,它在全世界是最好的。比如说电视机,日本的最好,或者汽车,我是假设,可能美国最好,所以很难说国际化就是一个产品在全世界范围内都被认可。这是我们格力走的一个方向。前一阵我去美国做了一个调研,从我的渠道当中,从消费者的感受当中得知,他们对格力还是非常尊重的,他们认可我们这个品牌,我们的质量确实让他们满意。所以我觉得我们走国际化最重要的一步,已经迈出去了。

我们现在也在国外一些地方建立了工厂,这些不是为了要国际化而建工厂,而是因为那边有了我们的市场。比如在美国,我现在有可能就去美国投资建厂,因为美国人喜欢我们的产品。我刚才说了,我们用产品没有国界概念,哪个产品好就用哪个,我想格力国际化的方向就是要坚持在这三个条件下进行。

在董明珠看来,在全球化的过程中,格力电器选择"先有市场,后建工厂"的国际化策略,是因为一个企业真正实现国际化的支撑点在于它的品牌国际化,而决定品牌国际化的是核心技术、产品质量以及服务。如果仅仅是在世界各地建工厂,那就不是真正意义上的国际化。

消费者都不知道的品牌不能算国际化

在国际化的道路上,格力电器选择了"先有市场,后建工厂"的战略,即贴牌生产和自主品牌同时进行的两条腿走路模式。

回顾格力电器的国际化进程,不得不说格力电器对新兴市场的探索有着自己独特的方法。在巴西市场取得成功后,有了国际化经验的格力电器,把国际化聚焦到了更为广阔的国际市场。2006年3月,格力空调巴基斯坦生产基地正式投产;2008年4月,格力空调越南生产基地正式投产。与进入巴西市场不同的是,巴基斯坦和越南生产基地由当地经销商投资,格力电器只是提供技术支持,但其生产销售的全是格力牌空调。2011年6月18日,格力电器在美国加利福尼亚州成立美国分公司,吹响了进军美国空调市场的号角。①

在推行国际化战略的进程中,一些企业都有较大的冲动,有的企业直接并购当地的品牌,有的企业纯粹是贴牌生产。格力电器在国际化中拒绝了这种模式,既不完全贴牌生产,也不盲目并购当地的品牌。

格力电器这样做的目的,还是希望把格力空调打造成世界知名品牌。董明珠解释说:"很多人认为,我今年把你吃掉了,明年这个市场就是我的,但我不是这样认为的,市场竞争是永远存在的。你今天超越了某个企业,不等于明天不会有别的企业超越你。只有不断地从自己内涵里面发出创新的意识和动作,才能保持强势的市场领导地位。如果我们没有内涵,只是借壳披上别人的外衣,那将仅仅是件外衣,不是你。现在好多人讲自己是国际化企业,但是在国际上,它的品牌别人都不知道,到底能不能算国际化呢?还有,看一个企业的国际化,不要看它有什么样的规模。国际化企业的标准要重新衡量,我觉得,首先是谈责任,对员工的责任,对社会的责任;第二是创新。"

---

① 家电圈网.格力:以技术创新走国际化之路[EB/OL].2014.http://www.ahjdq.com/htm/news/16928.htm.

在董明珠看来,如果国外消费者都不知道企业的品牌,那么这样的国际化就不能算是真正的国际化。在格力电器的国际化战略中,一直坚持以打造自主品牌为前提。

董明珠说:"品牌也是一样的,你看中国很多品牌,华宝、科龙、春兰……在中国也是落地有声的,但现在都没有了。可是你会说,这些明明也是品牌啊,怎么会没有了,应该在的啊。我认为,品牌推广不是靠广告,而是靠内涵支撑,就像一个人穿得再漂亮,可是一身的病,每天要打针,或者快病危了,那你穿再好看的衣服也没用。品牌就像是衣服一样,还是要有内涵的。当然我们人很漂亮,不穿漂亮衣服就有些可惜了。再加一件漂亮衣服,这个气质就更好。这是我的个人意见,不一定正确。所以,我们要去打造一个品牌,维护一个品牌,两方面都要做。这么多年来,国内媒体经常批评我们,说你们格力什么都做好了,就是一条,媒体没做好。我也承认,因为我觉得制造业的精力应该是投入到技术和产品研发上,如果颠倒过来,把 80% 的精力放到媒体上,可能说得天花乱坠很漂亮,但 20% 支撑不了 80%。倒过来,80% 在制造业,20% 在媒体,这就锦上添花了。当然格力在 20% 里面的确做得不够完美,所以我自己也在检讨。"

格力电器走向世界的"三驾马车"是:调整产品结构,创新核心技术,坚持自主品牌。事实上,与国际知名的历史悠久的家电企业相比,中国空调企业不仅缺乏核心技术,更缺乏自主品牌。为了解决核心技术和品牌这两个问题,格力电器在打造国际化品牌的过程中,在核心技术、创新能力、产品结构上下足了功夫。

不可否认,不同企业对于国际化的理解各有不同,格力电器的国际化理念不是在世界各地有多少间工厂——这只是初级的国际化。一个企业真正能够实现国际化,支撑它的是一个国际化的品牌,它必须以产

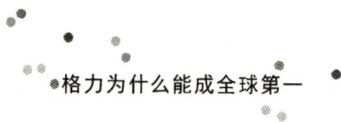

品的质量、核心技术和完善的服务来确立品牌的国际知名度。真正的国际化应该是将产品和技术放在首位,以优质的服务赢得消费者,企业国际化必须做到持久发展。如今,自主品牌产品已占格力电器海外销量的30％以上,覆盖 100 多个国家和地区。

董明珠介绍说:"坚持扩大自主品牌出口,不仅避免了在国际市场上完全受制于人的经营风险,而且提升了品牌竞争力。"

如今的格力电器已经拥有巴西、巴基斯坦等海外生产基地,自主品牌进入了法国、意大利、西班牙、菲律宾、澳大利亚、巴西、俄罗斯等 100多个国家和地区。对此,董明珠强调:"从走入国际市场的第一天起,格力电器就坚持两条腿走路,在做贴牌生产的同时,逐步在出口中力推自主品牌。"

"先有市场,后建工厂"的国际化模式

格力电器的国际化战略是"先有市场,后建工厂"。相对来说,这样的国际化模式要更为稳健,既做到了树立自主品牌,又在国际化的过程中找到了一条更好的路径。可以说是取得了鱼与熊掌二者兼得的结果,比单纯的并购要有效得多。

"先有市场,后建工厂"的国际化内涵

在国际化战略的选择中,格力电器对"走出去"战略一直坚持审慎、稳健的态度。为了有效地控制国际化过程中的风险,格力始终坚持"先有市场,后建工厂"的国际化战略,根据国际市场的需要,在合适的国家

和地区建立格力空调生产基地。

格力电器董事长董明珠解释说,格力电器"走出去"能否成功,取决于是否能创造最多的财富和利润,取决于能否持续获得消费者的认可。在有市场需求后再考虑投资建厂,是稳健而明智的做法。①

格力电器这样的理念决定了其稳健的国际化策略。这就是格力电器坚持选择"先做市场,后建工厂"的原因,同时也是坚持选择"先有市场,后建工厂"的国际化发展原则的原因。其具体内容如下:首先是"先有市场,再建工厂",只有当格力的产品在当地市场有一定影响力和市场份额后,格力才会去考虑建工厂;其次,坚持自己的品牌,靠产品质量打造品牌美誉度,而非过分强调销售数量;另外,国际化不是寻找成本低的生产国,而是达到资源的优化配置。②

这三条原则保证了格力电器能够顺利地推进国际化进程。董明珠表示,格力选择稳健的国际化道路,不并购,只建厂,10年来格力的海外工厂取得了优异的市场成绩,获得了产品覆盖地区消费者的认可。

董明珠说:"不少人觉得去美国建厂成本很高,但是我认为,只要拥有先进的技术,就能够去美国建厂。美国当地的经销商非常认可格力的产品,希望我们可以在美国更大力度地推广格力品牌。"

董明珠是这样介绍的:"美国的消费者、渠道对我们评价很好,也认可我们,这是我的先决条件。还有就是我的技术可以领先于我干的这个行业,我就有这个能力去做。很多人放弃那个地方的时候,我们去选择,可能是最好的时候。"

---

① 腾讯网.格力电器总裁董明珠:国际化不能有投机心理[EB/OL].2014. http://tech.qq.com/a/20080423/000462.htm.

② 侯雪莲.董明珠:专业化靠核心技术[N].中国经营报,2011-03-11.

在董明珠看来,像美国这样的发达国家,其市场还是很巨大的。董明珠说:"我个人觉得市场是无限大,因为成熟的市场也到了换代的时候了——差不多10年了,该换了。还有一个需求是我们现在去新兴国家发展,像非洲国家、印度,这些地方有很大空间。很多人不看好美国,因为美国是成熟市场。美国的消费习惯比起中国要复杂一些,美国对服务的要求更高,一些消费者有这样的条件,其实不一定是商家错,但是,会带来很多后遗症,很多人不太看好。但我们去看了还是觉得有希望的,我觉得我不仅仅是推一个品牌,而是消费者内心对你品牌的尊重,这个非常重要。"

格力电器国际化的基本原则

一般地,国际化模式有如下几种:(1)"先难后易"模式,其中较为典型的企业是海尔;(2)通过跨国并购实现国际化战略,其中较为典型的企业有 TCL、联想、吉利汽车、三一重工等;(3)"先有市场,后建工厂"的国际化经营思路,其中较为典型的企业如格力电器。

董明珠解释说:"我们的国际化坚持三个基本原则:首先是'先有市场,后建工厂'。如果当地人不认可这个产品,那么建了生产线又为谁服务呢?所以在全球布局生产基地时,在当地销售量能否达到100万台以上,将会是一个基本考量。同时,坚持自主品牌。有的企业出口量很大,但不是自有品牌,这在我看来没有什么意义。如果格力愿意,可以用低价把全世界的产品都拿到我这来代工,但有什么意义呢?另外,走国际化道路,并不是简单理解为哪里成本低就到哪里建工厂,建工厂的目的主要是为了接近服务市场。"

在格力电器的国际化原则中,首要的就是"先有市场,后建工厂"。据格力电器集团副总裁黄辉介绍:"格力电器先把产品出口到海外,进行市场的试探性销售,看看这个国家对格力产品的接受程度,市场容量情况怎么样,然后看看这个市场能不能消化格力产品,能够消化多少,达到什么样的规模才能盈利。1997 年,我们格力电器开始进入巴西的市场,最初一年大概销售 2000～3000 台。但是随着市场的发展,我们每年都有比较大的增长幅度,而且通过试销逐步摸清了在巴西销售空调的规律,也了解了当地空调市场的容量等等。摸清了这个情况之后,我们觉得发展情景比较好。同时考虑到当时巴西政府对家电产品的税率比较高,综合起来进口的产品税超过了 60％,而在当地生产,进口税可以大幅减少。经过充分的市场调研之后,格力空调决定于 1999 年在巴西设厂,目前我们在巴西一年的销售量超过 50 万台。"①

可以看出,"先有市场,后建工厂"确实是格力电器稳扎稳打的海外战略特点。董明珠坦言,土耳其、美国等国家的空调企业都曾经看中格力的技术和管理实力,邀请格力去收购,但最终都被其婉拒。

董明珠选择"先有市场,后建工厂"国际化模式的理由是,中国企业在海外并购中可能面临各种各样的"陷阱",一旦尽职调查没有做好,就可能会遭遇重大并购失败。事实上,国外企业之所以愿意被并购,多是因其已经亏损累累,没有任何效益,实在是无药可救,他们已经把这视为一个负担,所以希望有企业去并购。②

董明珠说:"很多中国企业自身也不过十几二十年的历史,在海外并购上基本没有什么经验,而且并购涉及的文化融合、法律冲突、劳工法规等方方面面的问题,国外企业自己都无法管理好,中国企业就更难管理好。"

---

① 黄辉. 格力黄辉:家电企业打造出全球化品牌[EB/OL]. 2014. http://jd.zol.com.cn/220/2209628.html.
② 陈光. 如何让海外战略落地[N]. 国际商报,2011-04-22.

格力电器决定在巴西建厂时,最先计划几亿元的投资规模,在前期投入了几千万元之后,格力电器发现,巴西的空调市场非常不易控制,于是就削减了后来的投资建厂规模。据公开资料显示,格力电器目前在巴西市场的年销售量达到50万台,尽管50万台的数量不是很大,但是每年的效益都在增长。

董明珠说:"一个有实力的企业,不是简单地靠劳动力实现价值,而是靠新技术实现价值。当然成本也要考虑,但绝对不能是第一考量因素。我们在巴西建厂,并不是因为当地劳动力成本低,而是由市场的需求量决定的。到国外,我不敢拍胸脯说没有风险,可能存在很多看不到的风险,但是如果真的有风险,要做到能够承受。"

用先进的技术去建厂,不做简单的资本投入

格力电器在其国际化的过程中,实施了先拥有当地市场和消费群体,再建立生产基地的战略,取得了卓越的成效。格力方面曾表示:"格力2010年3000万台的空调销售量里,20%~25%是出口海外市场的。对于'走出去',格力始终坚持'先有市场,后建工厂'的原则。比如在巴西、巴基斯坦、越南等国家,格力的成功之道均在于'先拥有当地市场和消费群体,再建立生产基地'这一理念。"

在国际市场复苏乏力、综合成本上升等诸多不利因素的影响下,格力电器在海外市场的销量却日益攀升。数据显示,2010年,格力海外市场营业收入97.51亿元,同比增速高达67%;2011年,格力海外市场营业收入145.46亿元,占比18.95%,同比增长49.17%,涨幅超过国内市场;2012年,格力营业总收入首超1000亿元,其海外销售收入为158亿元,外销规模继续保持在2011年同期的峰值,且明显高于行业整体水平;2013年上半年,格力海外销售收入达103.97亿元,出口同比增长11.9%。

对于格力电器在国际化过程中取得的成绩,特别是"先有市场,后建工厂"的国际化模式,董明珠说:"格力要用先进的技术去建厂,不做简单的资本投入。"当然,也正是这种战略思维,格力才成为巴西空调市场的知名品牌之一。

在董明珠看来,格力电器"先有市场,后建工厂"的目的,还是为了打造一个在全世界都叫得响的品牌。据董明珠介绍:"格力的出口产品大约占总产量的20%,有些家电企业的出口量比格力大许多,占比可能超过了50%。我觉得简单地用数量来衡量,不能体现一个企业走出去的实质。走出去就要发扬自己的品牌。"

在很多场合下,董明珠都坦言,格力电器之所以选择"先有市场,后建工厂"这种国际化模式,是因为这样可以最大化地控制风险。格力电器的国际化策略在后金融危机时代,值得致力于国际化的中国企业学习,因为家电行业品牌建设与生产制造能力相比,仍然存在着较大的差距。面对品牌附加值较低、产品同质化比较严重、出口依然以贴牌为主的困境,提高产品质量、打造品牌的全球化形象是中国企业走向国际化的关键。以空调行业来说,虽然目前中国内地空调行业稳步发展,但仍然存在着以下方面的问题:第一,原材料价格不断攀升,尤其是铜、铝价格不断上涨,严重压缩了企业的利润空间;第二,智能空调行业的盈利能力普遍出现了负增长,从上市公司的年报来看,销售额相对上年出现了明显的增幅,但是企业的盈利水平普遍下滑;第三,国内新能效标准的正式颁发执行和国外贸易壁垒的增多给企业转型和出口带来了压力。[①]

要想解决以上问题,就必须采取稳健的国际化战略。对于格力电器

---

① 黄辉. 格力黄辉:家电企业打造出全球化品牌[EB/OL]. 2014. http://jd.zol.com.cn/220/2209628.html.

而言,建厂和打造自主品牌成为国际化的主要依据。董明珠说:"从形式上看,是渐进式的。但我觉得稳健地发展更为贴切一些。我更倾向于这种抵抗风险、承受风险的国际化方式。像某些家电企业,几十亿元拿出去投资,这事对我们来讲,会很犹豫。这20多亿元投出去以后,你想得到什么?你国际化的目的是什么?我们的国际化,不是说简单地为了挣钱,哪个地方市场好,有钱挣,就去哪里。我们的国际化,首先是希望更多的人来了解中国。第二个,企业走出去,是因为我们的产品先走出去。而且要因为我的产品好,让别人尊重我。现在为什么一提到中国制造,都讲低质、低价。可以说到现在为止,还有很多国家对中国产品的印象非常不好,对中国企业的诚信是打问号的。为什么人家没有说德国人有诚信问题?我们大部分企业都是加工厂,按照别人的技术标准、规范来生产,没有科技含量;没有用你的创造改变了别人,而是别人用技术改变了你。"

在拥有市场的前提下,在建厂的同时,格力还以技术为先导,积极地打造自主品牌。因此,先拥有当地市场和消费群体,再建立生产基地,这一步骤证明了格力电器的国际化路径是正确的选择。对此,董明珠总结道,格力先把产品出口到海外的某一国家,进行市场的试探性销售,看一看这个国家对格力产品的接受程度、市场容量怎样,然后考虑在那里设厂,以一个什么样的规模才能赚钱。①

董明珠表示,格力电器是一个国际化的品牌,连续六年保持全球空调销量第一,并在节能领域拥有核心技术。格力进军美国可以让美国人民更好地了解中国,也可以为美国经济复苏和促进就业提供更多帮助。对此,业内专家撰文指出,格力电器国际化经营管理的成功经验给诸多致力于国际化的国内企业的启示是,"需求"是选择海外目标市场的不变

---

① 张斐斐.格力:深耕巴西的样本[N].经济观察报,2011-04-02.

主题。一个可选的海外目标市场应基本具备下列条件：第一，存在没有被满足的需要；第二，本企业有能力满足这一需求；第三，在满足需求的同时获得一定的经济效益，不能因图虚名、冲动而做出无利可图的决策。在对海外目标市场的选择上，应做好充分的可行性研究工作，可以聘请当地知名咨询机构协助调研，以取得第一手的、详细真实的资料。特别是在境外建厂的选择上，一般都在选择那些政局稳定、劳动力丰富、产品有出口配额的地区。①

---

① 清华大学 THLDL 经营管理资讯. 格力国际化经营管理的经验与启示［EB/OL］.
2014. http://www.thldl.org.cn/news/0911/26484-2.html.

Chapter

06 得渠道者
得天下

在如今的空调市场上，竞争日趋激烈，异彩纷呈的明星广告，铺天盖地的价格大战，背后隐藏的是各个空调企业实力的真实较量。

在渠道通路上，格力电器独创的销售公司模式引领了内地空调行业的销售变革，因为销售渠道运作能力作为空调市场竞争中的重中之重，其在很大程度上决定了企业市场竞争优势的大小。因此，历来就有这样的说法，渠道已成为各路厂商的"兵家必争之地"。可以这样说，"得渠道者得天下"。

渠道营销就是营销经销商

纵观格力电器的发展历程，其今日取得的业绩离不开独特的渠道。尽管原材料价格不断上涨，物流成本不断上升，空调行业洗牌进程大大提速，格力电器仍始终保持着行业的领先地位，销量、销售额、利润和市场占有率均获稳步提升，空调产销量和市场占有率稳居全行业首位。

据格力官网介绍，2013年格力实现营业总收入1200.43亿元，净利润108.71亿元，纳税超过102.70亿元，是中国首家净利润、纳税双双超过百亿的家电企业，连续12年上榜美国《财富》杂志"中国上市公司100强"。

2015年1月19日晚间，格力电器发布2014年度业绩快报，公司实现营业收入1400亿元，同比增长16.63％，归属于上市公司股东的净利润141.15亿元，同比增长29.84％。

格力电器之所以能取得如此骄人的业绩，其对销售渠道的独特布局和有力掌控,无疑是高速增长的关键。

控制渠道成为制胜关键

在成立"股份制销售公司"时,格力电器考虑了利润分配的问题。不仅如此,为了能有效控制渠道,格力电器还规定了自己必须是"股份制销售公司"的大股东,而且该公司的董事长必须由格力方出任。

在出货方面,格力电器以统一价格对各区域销售公司发货,所有一级经销商必须从当地销售公司进货,严禁跨区销售。格力总部给产品价格划定一条标准线,各销售公司向下批发时,结合当地实际情况"有节制地上下浮动"。[①] 这不仅有利于格力电器更好地管理渠道,同时也给了"股份制销售公司"管理人员更大的自主权,从而提高了其忠诚度和销售热情。

在如今竞争激烈的空调市场上,"决胜终端"的意识已经植入格力电器的渠道之中。有专家直言,格力电器将"工业精神"融入销售渠道之中,足以窥见其对"决胜终端"的重视。

时任格力电器新闻发言人黄芳华在接受媒体专访时表示,格力电器取得快速增长的原动力,是格力电器独创的营销模式。黄芳华坦言:"销售公司贯彻落实了格力电器独有的'三个代表'(代表经销商的利益、代表消费者的利益、代表厂家的利益)思想,经销商对格力电器的向心力和凝聚力强,有效避免了市场竞争的无序对格力市场的冲击。其次,格力电器规模的不断扩大、产能的扩张,有效化解了原材料上涨带来的各种不利影响。"

---

① 李文宁.空调行业销售渠道模式解析(下)[EB/OL].2014. http://www.tonglukuai-jian.com/observe/showObserve_1064.html.

事实证明,在家电业日趋白热化的竞争当中,格力电器之所以能获得成功,就在于格力电器这个"单打冠军"的杀手锏是"另类"渠道。业内专家指出,格力电器不仅很好地保障了经销商和客户的利益,而且在渠道方面的优势更加优于竞争对手。

可以说,格力电器对渠道营销的控制远超业内想象。与经销商成立销售分公司其实只是格力电器渠道营销的一部分内容。家电企业乐华也曾经全面实现过这种营销模式,但是由于乐华处境窘困,最终被 TCL 收购。

乐华之所以失败,除了低端定位外,更重要的一个原因是,乐华对销售渠道的控制能力较弱。比如乐华空调串货较为严重,产品经常从 A 城市迅速流入 B 城市,而且 A、B 两地的价格相差甚远。

反观格力电器,其对每一套空调都实行"明码标记",所有销售出去的产品和库存产品均实现电脑控制。只要查询数据库,立刻就可知道每套空调的详细情况。格力电器这样的措施有效地避免了竞相降价、窜货、恶性竞争等市场混乱问题。

比如,在 1997 年,率先创建的湖北格力空调销售公司,不仅有效地规范了湖北地区的市场,保障了湖北经销商的合理利润,而且格力电器作为家电制造商,也没有必要再建立独立的销售公司,故这样做节约了销售人员和分支机构的成本费用。

格力电器的湖北模式经过一段时间的实施,取得了期望的销售业绩。于是湖北模式被格力电器迅速推向中国内地市场。

具体做法是,在各省的市场中,格力电器选定几个较大的经销商,共同出资参股组建销售公司,以"利益共同体"的模式把区域内较大的经销商捆绑到格力电器的航母上。其后,重庆、安徽、湖南、河北等全国 32 个省(市)的区域性销售公司相继创建。

事实证明,由厂家、经销商组建的股份制销售公司的渠道模式是成功的。自1997年起,格力空调的销售实现了飞跃式的增长,销售额从42亿元、55亿元、60亿元……1200亿元,增长到2014年的1400亿元,产销量、市场占有率、利税收入等指标均在行业内领先,一举奠定了格力电器在国内空调行业的霸主地位(见图6-1)。

销售收入(亿元)

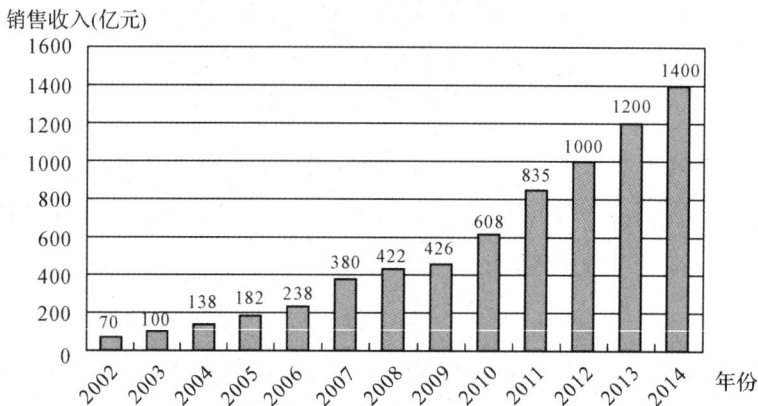

图6-1　格力电器2002—2014年销售收入

渠道营销就是营销经销商

在自建渠道的传统制造企业中,格力电器是当之无愧的典范。在格力电器的销售理念中,渠道营销就是营销经销商。有专家撰文指出,格力电器这种根深蒂固的大客户政策与中国特殊的国情非常吻合。

格力电器之所以把经营思想建立在以经销商为主体的营销思路基础之上,源于格力电器高层领导对渠道销售的认识。

众所周知,厂家、经销商和消费者是市场的三个核心要素。把三个要素中的哪一个放在重要的战略位置,也就决定了不同的销售策略。在中国空调行业中,一些空调厂家把消费者置于主导地位,因为购买决策权在消费者手里。

不过,在格力电器前董事长朱江洪看来,在空调行业,把经销商放在主导地位更符合我国国情。因为目前中国消费者素质还不高,消费心理不成熟,很容易被商家宣传左右。厂家知道产品好坏,商家也知道,消费者不知道,只能问。商家推品牌,要看品牌的张力。一个产品,商家当场演示给消费者看,消费者顺从的是商家。因此,商家是厂家和消费者沟通的桥梁。①

正是因为格力电器重视营销经销商,其才能在重庆、湖北、河南等多个区域市场取得领先优势,而格力电器取得的业绩,也离不开那些在当地有着相当品牌忠诚度的主要经销商的努力。因此,格力电器在努力地控制经销商的同时,也会尽可能地给予经销商足够的利益空间,从而更好地维护经销商的利益。这就是格力电器凭借单一产品却能实现业绩稳步增长的原因。这种创新的厂商关系给市场带来的益处直接表现在:

(1)格力电器与经销商强强联手,更加有利于提升格力空调的市场份额。作为国内空调行业的领军者,格力电器在产品质量、外形、品牌定位等方面都非常出色,所以在当地有着强大影响力的经销商选择格力电器也就在情理之中。因为双方都清楚,强强联合可以在当地获取市场优势。

(2)确保格力电器有效地控制空调产品的出货渠道。在营销渠道中,往往会出现价格混乱、串货等问题。一旦在某地区确定了唯一出货单位,就可以避免多头供货带来的价格混乱等问题,不仅稳定了价格,还保证了格力空调在市场上的健康有序发展。

---

① 刘雄孝.格力"削藩"的真正目的[EB/OL].2014.http://www.globrand.com/2004/4817.shtml.

（3）组建"股份制销售公司"。格力电器以"股份制销售公司"的形式把厂、商的利益捆绑在一起，有效地避免了格力电器与经销商之间的过度博弈，不仅保证了产品的适当利润，参与组建联营公司的经销商年底还可以拿到分红，激发了经销商的积极性。

（4）凸显了渠道共享的优势。在创建"股份制销售公司"以前，不同的经销商都有各自的网络，代理的产品也不尽相同。在创建"股份制销售公司"后，分散的渠道资源得以集中，其优势就更为明显，这为格力电器的高速发展提供了支撑。

（5）为格力电器节省了巨额的人员工资、补贴、差旅费用、通讯费用等，以及数量可观的产品销售成本，如广告费、促销费用，等等。

（6）降低了经销商的经营风险。创建"股份制销售公司"对加入联合体的经销商而言，不仅有了货源、价格等方面的保障，加上年终的返利分红，其收益有了较大保证，从而降低了经营风险。

以上几点都是格力电器创建"股份制销售公司"的优点。有业内专家认为，格力电器之所以获得成功，是因为格力电器的厂商联合体具有很大的渠道优点，格力区域性销售公司的营销模式经过几年的运作，已被证明是应对价格战日益混乱、行业竞争日益加剧局面的有效营销模式。

在格力的发展历程中，区域性销售公司在规范和稳定市场竞争、保护经销商和消费者利益、维护行业健康有序发展等方面，发挥了巨大的作用。时至今日，格力电器已在中国内地30多个省（市）推广了"股份制销售公司"的营销模式，该模式成为格力电器引领空调市场的一个重要凭借，不仅引起了理论界、企业界的广泛关注，甚至还被誉为"21世纪经济领域的全新营销模式"。

自建专卖店的渠道模式并非"传统"二字可以涵盖

在中国空调业的营销模式中,一种是依靠传统的卖场和连锁渠道;另一种是凭借自身的实际情况,自建渠道,同时也适当依托传统渠道。

格力电器就属于后者。在格力电器的发展中,可以肯定地说,自建渠道立下了汗马功劳。格力的核心竞争力除了品质和技术之外,通畅的渠道也让其如虎添翼。

当格力电器与国美电器在 2004 年彻底决裂之后,格力电器就加大了自建专卖店渠道的建设。

第一,通过增资扩股,格力电器加强对各地分公司的控制力度。具体做法是,格力电器通过控制分公司,从而达到控制专卖店终端的目的。

第二,格力电器为渠道商提供更好的服务,包括店面装修、导购培训、服务培训,等等。

在上述两个措施的作用下,格力电器在海内外拥有了数千家店面整洁漂亮、门面统一、服务规范、服务周到的专卖店。

格力电器的做法也得到了市场和消费者的认可。2005 年 2 月 24 日,格力电器公布了 2004 年度报告,报告显示,2004 年格力电器实现销售收入 138.32 亿元,比上年增长 37.74%,实现净利润 4.20 亿元,比上年增长 22.74%,净资产收益率达 17.24%。

在格力电器自建渠道的影响下,美的全面启动"乡镇空调普及革命",宣称将投资 1 亿元在全国数万个乡镇建立起 1 万家经销商网络,全力攻占三、四级市场。2004 年 6 月 5 日,TCL 集团某高管声称,他们正在紧锣密鼓地筹备其"幸福树"电器连锁卖场,以试图在三、四级市场避免"像一、二级市场那样被国美、苏宁、永乐等家电卖场大肆压榨利润"的悲剧。一时间,"得乡镇者得天下"似乎成了空调企业的集体共识和市场竞争的新规则。①

在这一轮自建渠道的浪潮中,格力电器却利用自身的优势加大了专卖店的建设。据朱江洪介绍,格力专卖店、专营店忠诚度高,目前整个格力专卖店的销售占格力总体销售的 70%～80%,大商场只占很少一部分。

谁控制渠道,谁就是王者

在中国家电企业中,格力电器的强势由来已久,不仅先打款,后提货,而且还敢对国美家电连锁这样的渠道说"不"。这不仅体现了董明珠"走过的地方不长草"的作风,同时也在为格力电器创建的"股份制销售公司"正名。不过,敢于对国美家电连锁这样的渠道说"不",不仅需要勇气,更需要底气。

格力电器对抗国美、苏宁的底气源自哪里?究其原因,还是格力电器拥有自建渠道。格力电器前董事长朱江洪坦言,格力电器渠道做得深、做得广,才能在激烈的竞争中站稳脚跟,取得优势竞争地位。跟渠道商合作最为要命的是,渠道商会在同业竞争的厂家间游移,从中谋取更有利于自己的利益安排,从而削弱了其开拓市场、服务于客户的积极性。

---

① 马瑞光.国美、格力相煎解析.[EB/OL].2014. http://biz.163.com/05/1231/17/26AMFIA000020QDS.html.

谁控制渠道,谁就拥有话语权

对于任何一个企业而言,完善的直销渠道都是保证产品成功销售的关键因素。厂家生产的产品必须依靠销售渠道才能完成销售,渠道在制造商与最终消费者之间架起了有效的桥梁。因此,完善的直销渠道在整个销售中起着举足轻重的作用。

在家电行业,销售渠道的作用非常重要。在格力电器与国美电器的博弈中可以看出,与其他家电企业相比,格力电器对目前流通领域正在兴起的大型销售商的依赖性相对较少。

事情的缘由是这样的。2004 年 2 月 17 日,国美电器成都分公司召开对外发布会,其大意是,国美电器成都分公司将推行"空调大战"促销计划,同时通告成都当地空调经销商,国美电器成都分公司将出资 200 万元用于这次促销活动。

在 2004 年 2 月 24 日,国美电器成都分公司对几乎所有的品牌空调进行大幅度降价促销,将其中一款格力空调大幅降价,降幅高达 40%,是所有促销空调品牌中降价幅度最高的。

面对国美电器成都分公司单方面的降价促销,格力电器向国美电器成都分公司正式发函,要求国美电器成都分公司"立即终止低价销售行为"。而国美电器成都分公司方面则称此次不过是一次正常的促销活动,坚持继续降价销售。

面对交涉未果的局面,格力电器决定正式停止向国美电器成都分公司供货。为了继续向格力施压,在 2004 年 3 月 9 日,国美电器向各地分公司下发了一份"关于清理格力空调库存的紧急通知",要求各地分公司将格力空调的库存及业务清理完毕。

格力电器总部则反击称,如果国美不按照格力的游戏规则行事,格力电器将把国美清除出自己的销售体系。在双方的博弈中,格力电器与国美的斗争逐步升级。

2004 年 3 月 11 日,国美电器的连锁店清理格力空调,而格力电器则退出国美。格力电器和国美电器双方正式决裂。

2004 年 3 月中旬,格力电器高调宣布,在北京市场,格力电器联合大中电器销售 7～8 万台格力空调,实现 1.8 亿元的销售额。不仅如此,格力电器还加强了与苏宁等大型家电零售连锁企业的合作。

此时,国美电器与格力电器的矛盾已经到了白热化的程度。可以说,在格力电器与国美电器的较量中,董明珠敢于说"不"。其实,这与格力电器区域性的营销模式有关。格力电器数年来由小而大、由弱而强,成为中国内地的空调冠军企业,靠的就是自建渠道。在空调行业原材料价格不断上涨、行业洗牌进程大大提速的情况下,格力电器仍始终保持着行业的优势地位,销量、销售额、利润和市场占有率均稳步提升,空调产销量和市场占有率稳居全行业首位。[①]

统计资料显示,2004 年 1—9 月,格力空调累计实现销售收入 100.58 亿元,较 2003 年同期增长 33.32%,实现净利润 3.52 亿元,较 2003 年同期增长 18.02%,各项指标均超过 2003 年全年水平;2005 年,格力的销售额超过 182 亿元,其中家用空调销量突破 1000 万台(套),跃居世界第一;2006 年 1—9 月,格力的销售收入超过 181 亿元,接近 2005 年全年的水平,比 2005 年同期增长 39.59%,实现净利润 4.97 亿元,较 2005 年同期增长 18.33%;2006 年年底,格力的销售收入超过 230 亿元。

格力电器 2014 年 1 月 20 公布 2013 年业绩快报,2013 年公司实现

---

① 赵卫卫.格力空调的营销渠道分析[J].现代企业教育,2007(20).

营业总收入 1200 亿元,同比增长 19.90%。对于业绩增长的原因,格力称,公司在 2013 年持续发挥了产业链、规模成本和渠道优势,使公司综合盈利能力进一步提升。①

敢对国美、苏宁说"不"

在与品牌连锁店的较量中,董明珠敢于非常强势地说"不",其底气源于何处?当我们翻阅大量资料后发现,其底气源于格力电器的自建渠道。

在董明珠看来,与国美、苏宁、永乐、大中等家电连锁零售商的博弈中,更多的是厂商合作,并非零和博弈。

当格力电器与国美电器再次恢复合作时,董明珠很"固执"地认为:"如果跟国美、苏宁这些大卖场大面积地合作,可能很多企业会死得更快。"

的确,在中国内地家电生产商中,董明珠也许是目前为止唯一敢说这种话的经营者。但在面对共同的利益时,不管是董明珠,还是国美、苏宁等家电连锁,合作都是明智的。

在与格力电器对抗三年后的 2007 年 3 月,广州国美对外高调宣布"国美—格力战略合作升级、签约采购",同时还签订 2 亿元的采购协议。

在此前国美公布的 150 亿元的空调采购订单上,包括了松下、LG、三菱、美的、海尔、志高、长虹、海信、TCL 等几乎所有的知名空调品牌,独把当时在中国内地空调市场已连续 10 年保持产销量第一的格力电器排除在外。

仅仅过了一周,广州国美电器总经理高集群高调宣布,将与广州格

---

① 刘映花.格力 2013 年营收 1200 亿元 净利润 108 亿元[N].北京晨报,2014-01-21.

力总经理王韦权合作,同时签订2亿元的采购协议。

为什么格力电器和国美电器在决裂3年后还要恢复合作呢?答案就是"在商言利",即"没有永远的敌人,也没有永远的朋友,只有永远的利益"。这句话对于对抗许久的格力电器和国美电器而言,同样适用。

"在商言利"一针见血地说出了格力电器和国美电器双方愿意再次合作的深层次原因。

在平等合作、互惠互利的原则下,格力电器也不可能会排斥与连锁终端的合作,毕竟家电连锁店的渠道有助于格力电器扩大销售数量。而作为渠道商的国美电器也不可能拒绝与格力电器的合作,因为格力电器可以给国美电器提供巨额的现金流。

在与格力电器决裂的3年里,数量巨大的消费者在国美电器选购空调时会发现没有格力空调,这会使消费者放弃选择购买其他电器,从而间接降低国美电器的销售额。

据时任大中电器空调事业部经理杨军介绍,格力电器在北京地区的年销售额高达10亿元,其中30%都是从大中门店销售的。杨军说:"我们跟格力合作多年,基本上没有发生过不愉快的事。"

面对国美电器的"逼宫",时任格力电器董事长朱江洪在2006年与格力流通股股东交流时一再强调:"我们只拒绝跟有些大卖场合作,因为他们完全不考虑我们的利益,而不是否定跟所有家电连锁的合作,格力走的是多元化的营销渠道。"

在朱江洪看来,家电连锁店的合作是多元化营销渠道的组成部分。从朱江洪的话中不难看出,格力电器对抗国美、苏宁的底气,主要还是源于其完善的渠道系统。据悉,格力电器的自建渠道,特别是专卖店,出货率竟然高达总销售额的70%以上。

把别人都打倒、都打死不符合经济规律

作为空调行业领跑者,格力电器除了技术创新、产品品质外,在渠道领域也独树一帜,开创了独立于各大连锁之外的空调专卖店的销售渠道模式。

事实证明,经过多年的专一化经营,格力电器在中国空调市场上的作用日渐举足轻重,并长期占据着中国空调市场头把交椅。之所以能取得这样的成绩,是因为格力电器已经建立起了非常完善的、稳定的,同时也是卓有成效的、独创性的股份制区域性销售公司模式。因此,格力电器董事长董明珠在与国美、苏宁等寡头渠道商叫板时,在多个场合下,更是高调地宣称,专卖店将成为格力电器销售的主要支撑点。

董明珠说:"这是格力最被关注的焦点,目前格力自建专卖店,成为销售的主要支撑点。我们的政府号召自主创新,企业的创新过程,不是简单的技术、管理、人才创新,还得加强营销的创新。是否能实现这个创新,关键是心态问题。很多企业首先想到把别人都打倒、都打死,这是不符合经济规律的。实际上,从长远来看,消费者、经销商、企业、国家四者皆赢才是正路。"

在董明珠看来,自建渠道不仅可以掌控终端,同时还可以有更大的自主权。由于格力产品有质量保证,选择何种渠道必须符合格力电器自身的特点。因此,即使面对国美电器、苏宁电器这样的渠道商,格力也不怕。

董明珠说:"政府倡导公平竞争,格力的产品成本高,要求定高价,如果渠道商倚着店大气粗,大家互相不认可,就没法合作,这是一个斡旋的过程。流通企业决定产品价格,在广州,某个产品卖一千,门店需要利润,厂家只能内部结账。这种现象还是存在的。但有位经济学家曾说

过,某个事件的发生,看似偶然,但在整个事件发展中其实是必然现象。对于品牌生命力而言,第一要诚信,第二要让消费者满意,有质量保证。这样就不怕受到打压。"

为了更好地做好产品质量,董明珠坚守"工业精神",真正地把这种"不怕吃亏"的精神融入格力电器的渠道建设中。董明珠说:"中国人有句俗语——吃亏是福。比如在定价上,我们比同等贵三百块,但没有售后服务,我们定位为'终生不需售后服务',消费者会根据使用后的情况进行对比,口碑好了自然会横向传播。外商在要求贴牌时,问为什么我们价格比较高,我说,按照同等技术水准工艺,我能做得比其他品牌更低,但这绝对不利于你的品牌口碑,你可以做出选择。实际上空调的利润很低,我们主要靠规模。最后结果,原来我可能挣 10 个亿,但我只挣了 5 个亿。收获是口碑好了,群众满意。包括建立模拟实验室,花几千万做这个,去年才筹建,现在基本上完成,比如实现空调抗干扰,研究如何在北极制热,在热带 40℃～50℃ 的地方制冷,还有内置空调杀菌系统,使空气质量跟室外保持平衡。这一系列都是高难度的自选动作,没有人要求格力做,但格力认为技术储备超前是必要的。"

董明珠认为,要想在合作中占据主动权,最好的办法是提高自身技术标准,以达到客户的要求。

在董明珠执掌格力电器的销售之后,她先后推出了"淡季让利""年终返点"以及"惊喜返利"等新政策,其目的是为了更好地激发经销商的积极性。如果经销商的销量巨大,即使不赚钱,格力电器的返点政策也可以让经销商获得较为丰厚的利润。当然,这也意味着销量将在很大程度上决定渠道的利润。

将"工业精神"延伸到流通渠道

在中国传统文化中,义利是商人必须考虑的问题。不管是徽商、晋商,还是如今的浙商,义利都是影响企业经营者竞争与开拓的指导思想。然而,在商业精神蔓延的今天,一些商人却忘记了义利的内涵。在这种背景下,格力电器董事长董明珠却高调地宣称,格力电器要坚持"工业精神",甚至要把"工业精神"延伸到流通渠道。

商业渠道模式与格力"工业精神"

在接受媒体采访时,董明珠表示,她倡导一种"工业精神",格力模式更是一种适合自身的规范操作,是站在更远的视角看待企业发展总结得出的模式。而倡导"工业精神"是不可以有投机心理的,不可以急功近利的,格力就是想把这种"工业精神"延伸到渠道中去。

作为格力电器的开创者,朱江洪强调,格力电器的成功,主要集中在两个方面:一是技术的成功,二是格力营销模式的成功。

格力电器所创的营销模式,不仅为格力电器的高速发展做出了巨大贡献,甚至还被誉为"21世纪经济领域的全新营销模式"。该营销模式以资产为纽带,以品牌为旗帜,由格力电器控股,把一个区域内的多家经销商聚集起来,成立一家专营格力品牌的"股份制销售公司"。为了更好地发挥该模式的作用,规避内耗,在相关区域的一切市场开拓、管理和服务工作均通过该销售公司来实现,从而达到效率最大化。

朱江洪认为,格力电器的营销模式,其他家电企业是学不会的。朱江洪的理由是,格力电器的营销模式给格力提供了非常好的销售渠道,并且联结了一批非常忠诚的销售商。

客观地讲,在与国美电器的较量中,格力电器曾一度被逼上了"梁山"。然而,正是这样的际遇让格力电器打了一个翻身仗,当董明珠带着欢笑走进《对话》演播室,将胜利者的姿态展示在电视观众面前时,格力电器的渠道模式已经被证明是行之有效的。

格力电器的成功同样说明:只有自强不息,才能掌握自己的命运;只有走像格力一样独特的、具有特色的路,才是企业发展的根本所在。

在后来的举措中,不管是加大渠道投入资金,还是变革渠道营销,董明珠都倡导"工业精神",并且力主将"工业精神"延伸到渠道中去。

家电业资深记者、《新经济周刊》主编朱江华认为,董明珠将"工业精神"延伸到渠道中的目的,就是为了巩固渠道经销商的忠诚度。

朱江华的理由是,一定要把经销商当作合作伙伴来看,而不能当成银行或者是搬运工。如果企业把经销商当成搬运工的话,经销商会很快更换合作厂家。

将"工业精神"延伸到流通渠道

在概念主导营销决策的今日,不管是渠道建设,还是制定营销决策,很多企业都非常草率和盲从,急功近利者居多,投机取巧者举不胜举。

然而,格力电器董事长董明珠却高调地指出,这样做缺乏务实做企业经营的精神。在很多场合,董明珠都坦言,"工业精神"就是一种"不怕吃亏的精神",弘扬"工业精神"可以最大限度地把企业目光从单纯的商业交换吸引到创新领域,打破"价格低廉—压价竞销—贸易摩擦—出口受限—资金短缺—提升产品结构受限"的怪圈,为中国创立世界领先的民族品牌打下坚实的技术基础。

在董明珠看来,中国制造企业要想成为领导者,不沦为跨国企业的附庸,就必须坚持独立自主创新,用创新来提升企业的利润,同时把"工业精神"下沉到流通领域。

董明珠的战略考虑是,"工业精神"倡导一种"不怕吃亏"的精神,而"商业精神"更多的是一种逐利行为。根据《乌合之众》的心理学分析,当消费者以群体面目出现的时候,感性的、果断的、重复的语言更有传播效力。因此在商业竞争中,先发制人地在用户认知阶段就强化对手的低劣印象,这种手法是很容易想到的,也是最轻松的选择。[1]

的确,从格力电器的发展路径来看,格力电器已经把制造领域的"工业精神"延伸到流通渠道中去了。

在渠道管理中,兵戎相见是商战中最为平常的事情,不过,格力电器董事长董明珠却倡导"和所有人一起走下去",倡导善待经销商。

在控制渠道的同时,企业也要维护经销商的合理利益。董明珠介绍说,格力电器在营销方面如果有什么秘诀的话,那么最大的秘诀就是坚持"工业精神",即不玩花样,厂、商双方平等合作,把靠市场创造效益作为一致的目标,并以此作为基本的游戏规则。

董明珠举例说,在1996年,由于几乎整个夏天都在下雨,天气非常凉爽,造成空调大量积压,许多空调企业和经销商为了消除库存,开始低价甩卖,价格战空前惨烈。而格力电器却发出通知,绝不允许经销商擅自降价,一旦经销商以牺牲安装质量和售后服务为代价,格力电器宁愿让出空调市场。

在1996年"凉夏血战"中,价格战使得大多数空调企业和经销商血本无归,格力电器由于拒绝价格战,损失也较为严重。尽管如此,到了

---

[1] 葛雪松,邓中华.中国企业竞争毒性解析:恶斗毒性诊断书[J].中欧商业评论,2013-05-31.

1996 年年底,董明珠还是高调宣布拿出 1 亿多元利润补贴格力电器的经销商。

董明珠的做法是,格力电器宁可不赚钱或者少赚钱,也不能让经销商亏损,这就是格力电器首创的年终返利模式。此后,格力电器又实施了淡季贴息返利模式,这两种返利模式后来被各大家电厂商沿用至今。

在销售中,由于缺乏"工业精神",浮躁和功利思维影响着一批经营者的销售决策。然而,董明珠却清醒地意识到,空调企业之间的恶性价格战,不仅损害了"格力"品牌的声誉,而且低廉的售价也使经销商无力承担对消费者的售后服务,最终导致消费者的根本利益受到损害,殃及整个行业。

为了解决价格战问题,在 1997 年,格力电器创建了湖北格力空调销售有限公司,并在此基础上推出了"区域性销售公司"模式。此举是为了让"工业精神"进入流通领域,促进渠道规范管理,同时也让经销商获利。

将"工业精神"融入市场拓展中

在任何一个企业的发展过程中,经营者一旦关注短期的得失,而不是长远的可持续发展,就好比是在自废武功。

在中国家电行业中,董明珠所提倡的"工业精神",实质是为格力电器长期发展提供原动力,同时也是立足未来的一种发展战略。

毋庸置疑,浮躁而盲目是不健康的具体表现。对于任何一个企业来说,渠道都只是其参与市场竞争、做强做大、可持续发展的一个部分,只不过由于现阶段发展不成熟导致工商关系紧张后,渠道的影响力被无意中放大了。

由于与国美、苏宁等大连锁卖场分庭抗礼,格力电器的销售模式,特别是"专卖店"的销售模式理所当然地成为媒体和业界讨论的焦点。对于一个企业的发展而言,其绝不能只将命脉系于渠道,而应在不同的环节和领域,推动建立和谐共融的关系,在合作中共同发展,实现共赢。这才是企业"工业精神"的体现。

的确,如今的格力电器不仅坚持"工业精神",而且还坚持把自己的企业文化灌输到产品流通的每一环节。

在董明珠看来,"工业精神"的具体表现是,拒绝投机心理,拒绝盲目轻率,拒绝急功近利,拒绝追求眼前的效益,而是要站得更高,考虑格力电器的长远发展。

不仅如此,格力电器还把这种"不怕吃亏"的"工业精神"延伸到渠道,让经销商接受格力电器"工业精神"的企业文化,同时也让经销商了解,格力电器倡导的"工业精神",不是唯利是图,也不是大发横财、猛赚暴利,而是注重产品卖出去以后还要服务到位。

事实证明,企业一旦持有投机心理,往往会极大地损害消费者的利益。因此,在流通领域,格力电器倡导自己的经销商一直代理格力空调的销售,即既然选择了经销格力空调,就应该长期地坚持下去,绝不能今天销售格力的空调,明天转卖其他品牌的空调,或者空调不好销售了,就改卖洗衣机、冰箱。

当然,要想让经销商也接受格力电器的"工业精神",接受格力电器的企业文化,就必须严格把关。据董明珠介绍,格力首先就是在经销商的选择上严格把关,如果经销商是为了赚钱去做一件事,那他就不被认为是格力的合作伙伴;而如果经销商是为了做一件事再赚钱,那他就是格力电器要选择的对象。其次,就是要确保经销商能赚钱。

董明珠表示,格力电器成立"区域性销售公司"的目的并不是为了让几个人赚钱,而是为了所有的经销商能够赚钱。在渠道的建设和选择上,格力也较为苛刻。在创建格力专卖店时,格力电器要求专卖店不折不扣地执行"工业精神",摒弃投机的"商业精神",并把消费者的利益摆在首要位置。格力专卖店不仅仅是为了赢利,更多的是为了保证格力产品的质量和服务达到一流。所以,格力专卖店的成功,是由格力的服务理念、行为和产品品质决定的。

董明珠认为,格力电器大力发展专卖店,并不是意味着不跟大卖场合作,如果大卖场能够按照格力专卖店的标准去做,格力电器也可以跟大卖场合作。但对于格力专卖店,格力方面会提出更苛刻的要求,要求其行为符合格力的标准。

如今的格力电器,对销售公司的管理越来越规范,销售公司实际上已经成为格力电器延伸到市场上的二级管理机构,其行为既要对消费者负责,又要绝对认同格力电器的企业文化。

Chapter

07 领导行业
革命

在一波又一波的空调"寒冬"中,中国空调业已经历了一次又一次的全面洗牌,不仅洗牌周期缩短,而且次数变多。空调企业之间的竞争在向动态化发展,企业之间不断地采取新的进攻性措施,不断地从一种竞争武器和竞争策略的组合转向另一种竞争武器和竞争策略的组合。

伴随着空调业越来越紧的洗牌风声,空调企业已经面临着当年哈姆雷特王子同样的痛苦选择——"要么生存要么灭亡"。格力电器在空调业的丛林中找到了自己的位置,不仅领跑中国空调业,同时也开始占据高端市场。

空调品牌历经多次大浪淘沙

在中国内地,空调业的发展经历了从草莽时代到如今的精细阶段,空调品牌也从 400 个降低到目前不到 10 个,淘汰率近乎 97.5%。然而,这生存下来的空调品牌,如格力、美的、海尔却占据中国内地 70% 的市场份额。从中可以看出,中国空调行业已经进入寡头时代。

日系空调品牌在华集体败北

在最近几年,日本企业败退中国市场的新闻经常出现在媒体的头条上,如日本明治公司由于业绩不佳,不得不停止在中国的奶粉销售。其他行业的不少日本企业也在中国市场萎靡不振,很难翻身。中国虽然拥有 13 亿多人口的广阔市场,但由于各种原因,日本企业想获得成功却变得越来越难。①

日企为什么频频在中国市场败退呢？我的答案是日企领导者本身。在改革开放初期，由于中国经济较为落后，日本企业利用庞大的资金和相对先进的技术迅速占领了中国市场，像日立、松下、索尼这样的日企品牌于20世纪80年代后期到21世纪初，在短短30年的时间内成为中国家喻户晓的知名品牌。

当然，这样的成绩也让日本企业经营者陶醉，因为中国市场上的技术从来都是二流的，甚至是即将淘汰的。在日本企业经营者的意识中，一流的技术留在日本，二流的技术和产品出口欧美，只有几乎淘汰的产品和技术才出口中国。

另外，日本企业经营者从来就戴着有色眼镜看待中国消费者，尽管中国市场非常具有潜力，日本企业经营者却从未像对待欧美国家市场那样认真地对待过中国市场。

日本经营者没有想到的是，欧美国家企业却利用日本企业的自我傲慢和偏见的心态，在中国这个大市场悄然杀开一条血路，使得欧美企业品牌也迅速以"星星之火，燎原之势"打开了中国市场，赢得了中国消费者的认可。

这就是欧美企业兴盛而日企频频失守的根本原因。不过日本企业之所以在中国市场败退，仍是因为这些企业经营者对中国市场的偏执，而且其程度远超我们想象。有研究者这样表述说，日本企业把全球市场分为三等，最好的产品卖给美国，二流产品卖给欧洲，而基本符合使用标

---

① 天涯社区网.日华媒：日本企业为何在中国市场陷入苦战？——日企东南亚败退中[EB/OL]. 2014. http://bbs.tianya.cn/post-worldlook-913920-1.shtml.

准的，就全部出口到中国市场。①

这绝不是空穴来风，而是日本企业经营者已经或者正在做的事情，不管任何问题产品，召回时，绝大多数都不包括中国市场，其中折射出的是日本企业对中国市场轻忽和傲慢不屑的事实。有研究者撰文指出，依托地缘优势和文化的共融性，借助中国开放的声势，市场嗅觉灵敏的日本电器企业都不约而同地选择了中国市场。然而，被盲目的武士道精神所渲染的日系核心企业文化，却误导了日本电器商们。它们傲慢的姿态，不仅让中国消费者受到极大的伤害，也让自己蒙羞汗颜。②

据中怡康 2003—2005 年连续三年的年度调查数据分析，日系空调品牌在迅速崛起的中国空调企业面前几乎集体"失语"，而且无论从销售量还是销售额上都已完全不在一个层次。

曾经在全球市场叱咤风云的日系空调由于自身的"傲慢"与"偏见"，丧失了在中国这一世界最大消费市场的竞争优势，主要原因在于：

其一，空调关键技术的差距已愈来愈小。在 20 世纪 90 年代，格力电器的高层领导曾经赴日本购买空调关键技术，结果被日企拒绝。而后，随着中国本土空调企业自主创新能力的不断提高，越来越多的中国空调企业不仅掌握了空调的核心技术，同时已经具备了改进和创新能力。以健康技术为例，目前空调市场中的双向换新风技术、光波技术、氧吧技术等健康技术都是中国品牌所拥有的，甚至有些技术已处于国际领先水平。当关键技术被中国空调企业突破后，就意味着中日空调企业之间的差距已愈来愈小，而日本空调企业的技术反而举步不前。在中国市场对健康空调不断增长的需求面前，日本空调企业无疑就会陷入败退之中。

---

① 张锐. 日本电器的中国"病灶"[J]. 南风窗，2006(10).
② 胡立彪. 日本电器的"傲慢"与"偏见"[N]. 中国质量报，2006-07-28.

其二,中国空调企业生产的空调,在品质上已经赶上甚至超过日本。曾经,日本企业垄断关键核心技术,生产的空调产品价格过高。随着中国空调企业(如格力电器)不断注重研发,其产品研发实力在不断地增强,生产的空调品质也在不断地提高,这就使得日本品牌垄断先进技术并制造质优产品的优势已经不复存在。以前日本企业垄断的关键技术,如今中国空调企业都已经掌握,并且有不少技术比日本还先进,性价比远高于日系品牌。以空调的健康节能功能为例,现在这些产品功能在中国大品牌空调企业的努力下,市场普及率已远远高于日本产品。①

事实证明,那些曾大举开拓中国市场的日本企业,已面临市场竞争力急剧下降的事实。与进军中国市场的欧美企业相比,日本企业在一些重点领域、主要市场的竞争中连连败北。其中的原因在于,长期以来,日本企业仍固守陈旧观念,缺乏长远眼光。现在,它们正为自己的傲慢和偏见付出沉重的代价。②

空调业的"四国演义"

在空调行业的丛林中,谁能生存和发展下去,不是取决于竞争对手,而是取决于自己。在硝烟弥漫的竞争中,特别是在目前空调市场低迷的时刻,加上持续不断的空调渠道变革,一些空调企业经历了品牌的急剧催生和迅速消亡的过程。

据公开资料显示,自 2000 年以来,空调品牌已从 400 家减少到 20 多家,这意味着空调企业生存的几率只有 5%。在 2006 年,就有 17 个

---

① 罗清启. 权威调查公司:日系空调品牌在华遭遇寒流[N]. 经济参考报,2006-01-26.
② 胡立彪. 日本电器的"傲慢"与"偏见"[N]. 中国质量报,2006-07-28.

空调品牌被市场所淘汰,空调业首次出现负增长。不仅如此,在这一轮空调竞争中,只有格力、志高、美的、海尔等少数空调品牌保持了强劲增长。

对于数十个品牌在短短 20 年就遭遇淘汰的情况,时任国家信息中心市场处处长蔡莹却认为这十分正常。她在接受媒体采访时坦言,目前在市场上消失的空调品牌大多是区域性小品牌,空调业的"新四家"(格力、格兰仕、海尔、美的)吃掉了 60% 以上的市场,要想达到空调行业第一集团的产能门槛,至少要 1000 万套。

据《华夏时报》披露,在 2006 年市场上剩下的 52 个品牌中,销售量占有率不到 0.01% 的品牌为 18 个,占整体品牌的 34.62%;销售量占有率低于 0.1% 的为 34 个品牌,占整体品牌的 65.38%。①

大部分被淘汰的品牌都是二、三线品牌,几年来持续的原材料价格暴涨加速了空调市场的洗牌。业内专家指出,从 400 多家到剩下真正有竞争力的七八家,短短的五年间,空调业就上演了一场比拼资本实力的"生死时速"!

在空调品牌大浪淘沙、竞争残酷的丛林中,格力电器在专业化、核心技术创新基础之上,赢得了市场,也领跑着中国空调业。如今的空调行业比拼不仅包括资金、品牌、技术研发,还包括管理水平、渠道管理,等等,这已然是空调品牌企业综合实力的较量。

中国空调行业步入寡头时代

公开数据显示,在 2000 年,中国空调品牌企业大约有 400 个;然而,在 2003 年,中国空调品牌企业数就下降到 140 个左右;2004 年,在中国

① 张鑫. 2006 这一年冻死空调品牌 17 个[N]. 华夏时报,2006-09-15.

市场上较为活跃的空调品牌仅仅为 50 个左右；在 2007 年，品牌集中度进一步提高，且呈现出向排名前列品牌倾斜的态势；2012 年，消费者集中购买的空调品牌不到 10 家。

这一组数据凸显了中国空调企业惨烈的竞争，但像格力、美的、海尔这样的空调企业却存活了下来。截至 2011 年，美的、格力、海尔三大空调巨头已牢牢控制了中国七成以上市场份额，这样的数据显示出经过大浪淘沙后的中国空调行业已经进入寡头时代。

从 20 世纪 90 年代空调产品进入中国市场开始，由于空调产品的消费潜力超出很多企业经营者的想象，各地企业为了抢占更多的"地盘"，品牌混战就正式拉开。

由于进入空调行业的门槛较低，而市场需求旺盛，一些企业为了利润最大化追求短期效益，跟风生产空调产品。鼎盛时期，中国空调品牌竟然有 400 多个。

盲目上马空调生产线，就会导致空调产品的产能严重过剩。数据显示，在 2003 年，中国空调库存一度达到了 3000 万台，这个天量库存比市场需求量 2000 万台还超出 1000 万台。

从 2000 年开始，各地企业为了抢占市场份额和消化过高的库存，从而保持现金流，开始实施价格战营销策略。在连绵不绝的价格战中，中国空调品牌迈上了"快鱼吃慢鱼"的淘汰之路。

在这条价格战的道路上，所有空调厂商都受到了较大的冲击，这也让各个空调厂商的命运频生变数。不过，在 2003 年，空调行业的重组举措尤为集中。主流空调企业以格力、美的为代表，凭借规模、质量、渠道、成本等综合优势，进一步奠定了其在空调行业的主导地位。

相比之下，那些"三八工厂"（3 月份开工、8 月份停产）、非知名品牌空调企业的生存就显得异常艰难，生存空间越来越小，产品逐步淡出消费者的视线中。

究其原因,主要集中在两个方面:第一,"三八工厂"、非知名品牌空调企业生产的产品缺乏核心竞争力,品牌知名度不高,号召力不强,在营销投入上也不能与空调巨头相提并论,它们往往仅凭借低价策略销售;第二,像美的、海尔等一线主流厂商不惧价格战,相反却凭借强大的生产规模和资金后盾,在价格战中占据主动。

在这样的竞争背景下,一些耳熟能详的品牌空调接二连三地吃败仗,市场份额萎缩再萎缩,其中一些甚至不得不黯然退出市场。2011 年以后,格力、海尔、美的三大空调巨头已牢牢控制了国内七成以上市场。至此,中国空调行业历经 10 年"春秋战国"之后,终于形成了寡头垄断的格局。①

领跑空调一线品牌

数据显示,2014 年 4 月,中国空调市场的市售产品数量共计 2034 款,分属 27 家主流厂商。从品牌关注格局来看,2014 年 4 月,前三甲品牌依次是格力、海尔和海信,这三家空调企业依旧把持着市场接近七成的关注份额。如今的格力电器显然已经成为领跑中国空调业的一线品牌。

---

① 深圳晚报.空调业 10 年淘汰 95% 品牌——三大家电巨头占据七成国内份额[N].深圳晚报,2013-06-09.

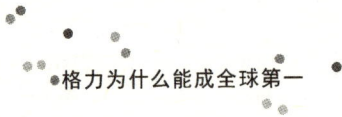

格力独占鳌头,美的跻身第二

在 2014 年,格力电器董事长董明珠高调地对外介绍说:"以前空调行业的第二名跟我们的(营收)差距是几亿元、几十亿元,现在它跟我们的差距是 400 亿元。"

在董明珠看来,格力空调的营收已经远远地把竞争者甩在后面。在中国空调行业,坚持专业化、核心技术创新的格力电器,由于拥有核心技术,不仅成为中国家用空调行业的龙头企业,还连续多年在国内外市场遥遥领先于其他空调企业。

据《2015 年 5 月中国空调市场分析报告》数据显示,在 2015 年 5 月,在中国空调市场上,格力电器以 56.8% 的关注比例再次拔得头筹,美的电器以 11.2% 的关注比例跻身第二,海尔排在第三位。

在第二阵营中,海信领跑,大金、格兰仕紧随其后。从空调行业的整体来看,空调品牌用户关注集中度非常高,排前 10 的品牌累计占据 94.5% 的关注比例,见图 7-1。①

2015 年 5 月的中国空调市场,格力 KFR-35GW/(35556)FNDe-3 大 1.5P 功率的三级能效变频空调依旧雄踞榜首。整个产品榜的数据显示,格力电器的产品数量优势仍然显著,7 款产品入围榜单,且关注比例优势也十分明显,见图 7-2。②

---

①② 王彦恩.2015 年 5 月中国空调市场分析报告[EB/OL].2015. http://zdc.zol.com.cn/524/5241747_all.html#p5241757.

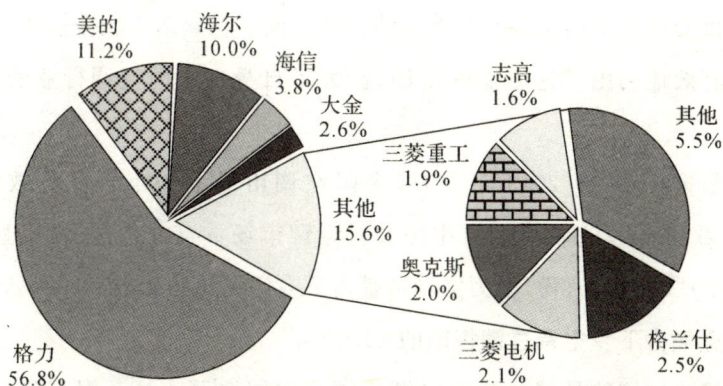

图 7-1 2015 年 5 月中国空调市场品牌关注比例分布

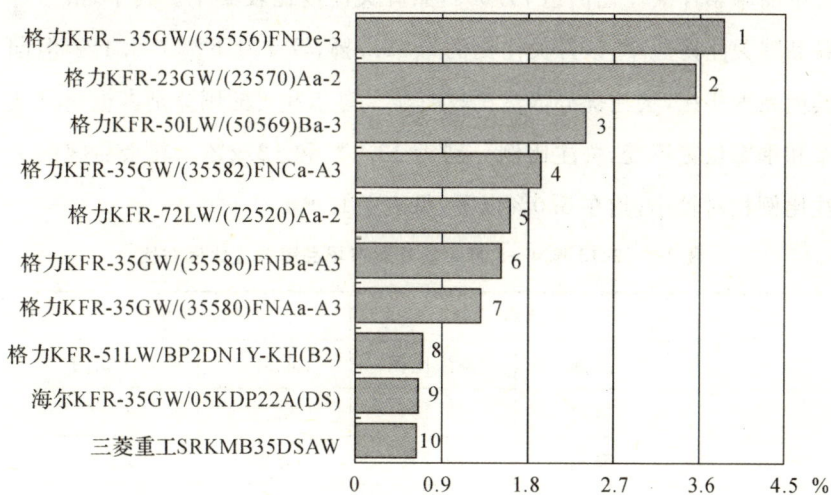

图 7-2 2015 年 5 月中国空调市场产品关注比例排名

格力电器的品牌关注度

2015 年的格力电器依旧独占鳌头,而早在家电下乡政策激活内需的 2013 年,格力电器已是如鱼得水,一路高歌。究其原因,家电下乡的

167

政策机会给了中国空调企业无限的市场空间。在众多空调企业中，格力电器有效地利用了这个蓝海市场，扩大了自身在中国空调行业的领先优势。

数据显示，在 2013 年 5 月，中国空调市场上的市售产品数量达 1924 款，分属 25 家品牌。《中国农村空调市场重点分析报告》也显示，截至 2011 年 11 月份，格力空调销量占下乡空调总销量的39.84％，下乡销售金额占下乡空调总销售额的 40.03％。

格力电器的品牌关注度也继续领跑中国空调市场。据《2013 年 5 月中国空调市场分析报告》数据显示，2013 年 5 月，中国空调市场上，前三甲品牌累计关注比例达 71.0％，品牌关注度比较集中。其中，格力蝉联品牌关注榜冠军，该月关注比例为 45.7％，较 4 月下滑了 3.4％，但同其他品牌相比，关注优势依然比较明显。海尔和美的则分别占据该月亚军和季军位置不变，关注比例分别为 13.1％和 12.2％。其余品牌的关注比例相对较小，均在 5.0％以下，见表 7-1。①。

表 7-1　2013 年 4—5 月中国空调市场品牌关注比例对比

排名	2013 年 4 月		2013 年 5 月	
	品牌	关注比例	品牌	关注比例
1	格力	49.1％	格力	45.7％
2	海尔	15.7％	海尔	13.1％
3	美的	12.0％	美的	12.2％
4	大金	3.6％	奥克斯↑2	4.4％
5	海信	3.2％	海信	4.3％

---

① 徐鹏.2013 年 5 月中国空调市场分析报告[EB/OL].2014. http://zdc.zol.com.cn/381/3814739.html.

排名	2013 年 4 月		2013 年 5 月	
	品牌	关注比例	品牌	关注比例
6	奥克斯	2.7%	大金↓2	3.7%
7	三菱	2.6%	三菱	3.0%
8	格兰仕	2.3%	格兰仕	2.8%
9	志高	2.2%	志高	2.7%
10	松下	1.6%	松下	1.9%
—	其他	5.0%	其他	6.2%

　　两年后的 2015 年 4 月,格力电器以显著的优势继续领跑,海尔、美的旗鼓相当。格力电器以 59.1% 的关注比例独占鳌头,遥遥领先于其他空调品牌。海尔和美的分居第二和第三,但是两者的关注比例差别很小,海尔仅仅领先美的 0.3%,见图 7-3。①

变频空调市场的领导者

　　在目前的中国空调市场较量中,决定企业胜负的关键是资金、技术、管理、渠道等综合因素。在新一轮的空调竞争中,变频空调成为各个空调企业重点推出的产品。据产业在线数据统计,在 2013 年 1 月变频空调市场放量增长时,格力变频空调的销量同比增幅高达 218.2%;在 2013 年 2 月变频空调市场受春节影响总销量同比下降时,其他空调企业变频产品销量均出现同比下滑,格力变频空调销量依然保持稳定增长。②

---

① 王彦恩. 2015 年 4 月中国空调市场分析报告[EB/OL]. http://zdc.zol.com.cn/523/5230210_all.html#p5230253.
② 王春波.格力变频空调 继续领跑市场[N].法制晚报,2013-05-24.

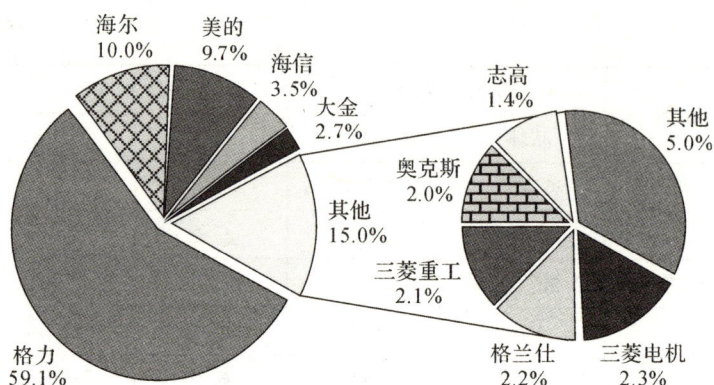

图 7-3　2015 年 4 月中国空调市场品牌关注比例分布

据《2015 年 5 月中国空调市场分析报告》数据显示,2015 年 5 月最受消费者关注的前 10 款空调产品分属四家品牌,其中格力独占 7 款产品,产品关注优势非常明显。可以发现,此 10 款产品以壁挂式、变频空调居多,空调匹数均处在 1.0P 至 3.0P 之间,市场价格从 2399～10179 元不等,见表 7-2。①

表 7-2　2015 年 5 月中国空调市场最受关注的 10 款产品及主要参数

排名	产品名称	空调类型	冷暖类型	变频/定频	匹数	能效等级	31 号价格
1	格力 KFR-35GW/(35556)FNDe-3	壁挂式	冷暖型	变频	大 1.5	三级能效	3699 元
2	格力 KFR-23GW/(23570)Aa-2	壁挂式	冷暖型	定频	小 1.0	二级能效	2699 元
3	格力 KFR-50LW/(50569)Ba-3	立柜式	冷暖型	定频	2	三级能效	4899 元
4	格力 KFR-35GW/(35582)FNCa-3	壁挂式	冷暖型	变频	1.5	三级能效	4399 元
5	格力 KFR-72LW/(72520)Aa-2	立柜式	冷暖型	定频	3	二级能效	6100 元
6	格力 KFR-35GW/(35580)FNBa-A3	壁挂式	冷暖型	变频	1.5	三级能效	3299 元

---

①　徐鹏. 2015 年 5 月中国空调市场分析报告［EB/OL］. 2016. http://m. hexun. com/tech/2015-06-04/176455387. html.

排名	产品名称	空调类型	冷暖类型	变频/定频	匹数	能效等级	31号价格
7	格力 KFR-35GW/(35583)FNAa-A3	壁挂式	冷暖型	变频	1.5	三级能效	3399 元
8	美的 KFR-51LW/BP2DN1Y-KH(B2)	立柜式	冷暖型	变频	2	二级能效	10179 元
9	海尔 KFR-35GW/05KDP22A(DS)	壁挂式	冷暖型	变频	1.5	二级能效	2899 元
10	三菱重工 SRKMB3DSAW	壁挂式	冷暖电辅	定频	大1.5	二级能效	3150 元

数据来源:互联网消费调研中心(ZDC.zol.com.cn)   2015.06

不仅如此,2015 年 4—5 月,格力电器仍以 56.8％的关注比例高居榜首,美的取代海尔夺得亚军,见表 7-3。

表 7-3　2015 年 4—5 月中国空调市场品牌关注比例对比

排名	4 月	关注比例	5 月	关注比例
1	格力	59.1％	格力	56.8％
2	海尔	10.0％	美的↑	11.2％
3	美的	9.7％	海尔↓	10.0％
4	海信	3.5％	海信	3.8％
5	大金	2.7％	大金	2.6％
6	三菱电机	2.3％	格兰仕↑	2.5％
7	格兰仕	2.2％	三菱电机↓	2.1％
8	三菱重工	2.1％	奥克斯↑	2.0％
9	奥克斯	2.0％	三菱重工↓	1.9％
10	志高	1.4％	志高	1.6％
——	其他	5.0％	其他	5.5％

在此轮的较量中,格力电器已经赢得胜利。对此,行业分析师认为,变频是家用空调产业的发展方向,格力充足的技术储备巩固了格力变频

空调在市场上的领导力。

格力电器拥有核心技术，无疑是受益最大的企业。中航证券金融研究所分析师在接受媒体采访时说："市场逆境考验着每个参与其中的企业，而对核心技术的掌控程度决定了企业在变频空调领域的推广是否具有持续性和稳定性。"

在今天，谁拥有技术，谁就能成为领导者，相比厨电行业，中国空调市场集中度更高。但与日韩等国家相比，中国空调市场品牌集中度仍有较大的提升空间。不难预见，凭借大品牌、高质量的大企业优势，作为空调行业龙头企业，格力电器无疑将成为最大的受益者。①

格力已成为名副其实的中央空调霸主

在中国中央空调市场，格力电器正以惊人的速度取得逆势突破。据《暖通空调资讯》显示，2012 年上半年格力电器以 14.5％的市场占有率历史性地取得市场最大份额。其中，格力电器中央空调的市场占有率也达到了 14％，居全国第一。可以看出，格力电器已经超越诸多竞争对手，成为名副其实的中央空调霸主。

格力在中央空调市场击败洋品牌

一直以来，外国空调企业垄断着中央空调的核心技术，又不愿意将之转让给中国企业，它们几乎垄断了中国家用中央空调市场。

---

① 王春波.格力变频空调 继续领跑市场[N].法制晚报,2013-05-24.

　　众所周知,中央空调是一个完整而复杂的系统。中央空调最核心的压缩机生产技术一直被日、美企业垄断着。中国空调企业无一例外地选择与洋巨头合作来开拓商用空调市场。中国空调企业在涉足商用空调领域的早期阶段,分别选择掌握变频中央空调技术的日本企业——如大金、东芝等,以及掌控变容量技术的美国艾默生旗下的谷轮公司进行合作。

　　在近年节能政策的引导下,由于拥有节能优势技术的美国谷轮公司变容量技术得到中国空调企业的青睐,中国空调巨头企业如格力、美的、新科等,将合作重心转向了美国谷轮公司,大量购买其生产的商用空调压缩机。

　　在中央空调领域,虽然外资品牌企业具备技术优势,但是面对中央空调市场的巨大商业价值,中国空调企业如格力、海尔等,先后宣布涉足中央空调的研发和生产。随着格力、海尔等一批中国企业的崛起,外资品牌大都兵败中国,但是像开利等国外空调品牌,目前在全球中央空调市场依然占有举足轻重的地位,仍具有很强的影响力。从图7-4和图7-5

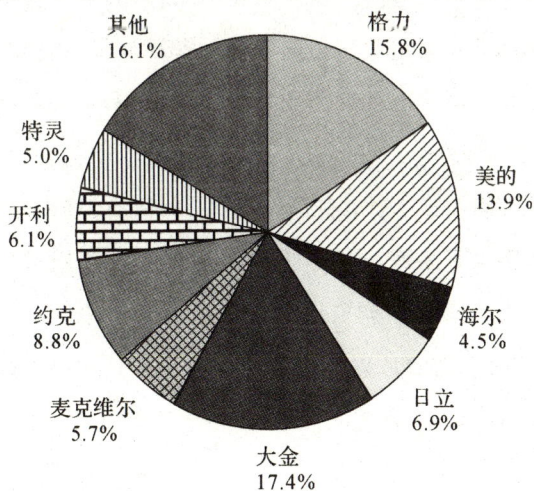

图 7-4　2013 年中国中央空调市场品牌占比

可见:(1)大金和日立影响力较强,其中大金拥有大金和麦克维尔双品牌,稳居行业第一;东芝、三菱重工、三菱电机的市场份额相对较小。(2)中国的格力和美的技术进步很快,追赶的势头明显。[①]

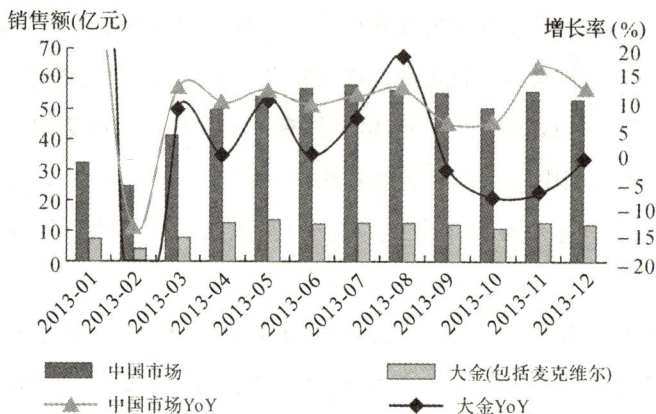

图 7-5 2013 年大金中央空调销售额

在技术和渠道难题被一一攻克的情况下,格力等中国本土品牌的强势崛起无疑会打破外资企业在中国市场的垄断地位,由洋品牌掌控中央空调市场的局面被颠覆也就在情理之中。可以说,中央空调市场正在进入"中国时代"。

2012 年上半年,格力中央空调以超过 14％的市场占有率,成为中央空调市场的销售领军品牌,这是中国本土品牌首次击败洋品牌。

2015 年 2 月,《暖通空调资讯》发布《2014 年度中国中央空调市场发展报告》。据该报告监测数据显示,2014 年中国中央空调行业总体市场容量首次突破 700 亿元,但是增长率却比 2013 年下滑 0.1 个百分点。

---

① 中国轻工业网. 中国中央空调行业日本家电品牌竞争力分析[EB/OL]. 2014. http://www.indunet.net.cn/staticpage/530/112865. html.

上述数据表明,中国中央空调市场已经从高速增长转为平稳增长,在新的秩序下,行业前10强的规模品牌在近两年也开始逐渐成型,而"442"则是对现阶段三大阵营、10大品牌的最直接概括。其中第一个"4"指的是民族品牌格力、美的、海尔以及天加,第二个"4"是指美系四大家江森自控约克、麦克维尔、开利以及特灵,"2"则是指两大日系品牌大金和日立。①

针对中央空调市场被中国本土企业夺回的情况,一些业内专家强调,由于家用空调市场竞争过于激烈,一些空调企业为了开辟蓝海市场,纷纷把中央空调定位为企业新的利润增长点。

强势抢占中央空调市场

对于格力电器来说,2012年可以说是非常重要的一年,因为该年格力电器在中央空调市场上击败洋品牌,成为中央空调领域的领军者。不仅如此,在2013年,格力中央空调再次登上市场占有率第一的冠军宝座。

2014年2月,据《暖通空调资讯》发布的《2013年中国中央空调市场发展报告》显示,格力中央空调以15.7%的市场占有率,再次荣列2013年度中国中央空调市场占有率第一。而美的、海尔、奥克斯、志高的市场占有率则分别为11.20%、3.30%、0.80%、0.70%,见图7-6。

该报告数据还显示,格力中央空调以其核心科技的优势,问鼎2013年度中央空调市场的销售冠军,同时格力电器还是2013年度唯一一家中央空调销售突破百亿元的企业。

---

① 中国家电网.数据显示:中央空调中国四大品牌阵营成型[EB/OL].2015. http://news.cheaa.com/2015/0203/435641.shtml.

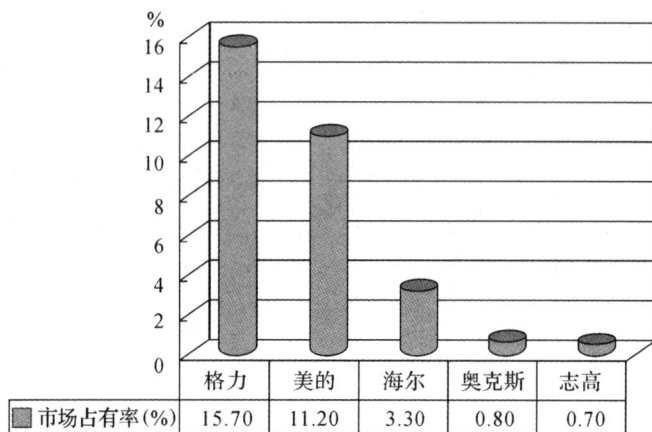

市场占有率(%)	格力	美的	海尔	奥克斯	志高
	15.70	11.20	3.30	0.80	0.70

图 7-6　2013 年度中国家电系企业市场占有率

有研究者认为,由于受到大环境影响,中央空调市场不得不面临大型项目减少的问题。不过,从目前的形势分析,中国中央空调行业不可能会出现高增长,要想赢得更多的市场,关键是要提高综合能力。

格力中央空调登上冠军的宝座,凭借的核心竞争力不仅仅是渠道和管理,核心科技起到了非常重要的作用。正是因为格力电器研发了多款产品,才能成为中央空调市场炙手可热的明星。

据格力电器网站公布的资料显示,格力中央空调拥有 10 大系列、1000 多个品种规格的产品,涵盖多联机、大型中央空调等领域,企业是目前世界上产品规格最齐全的中央空调厂家之一,能够为全球客户提供节能、健康和舒适的中央空调系统解决方案。[1]

不仅如此,在 2013 年,格力中央空调销售额已经超过 100 亿元,同时

---

① 管林华.上半年中央空调市场本土品牌首次击败洋品牌[N].当代生活报,2012-08-28.

也是中国市场首家中央空调销售额超过百亿的中央空调企业,见图 7-7。①

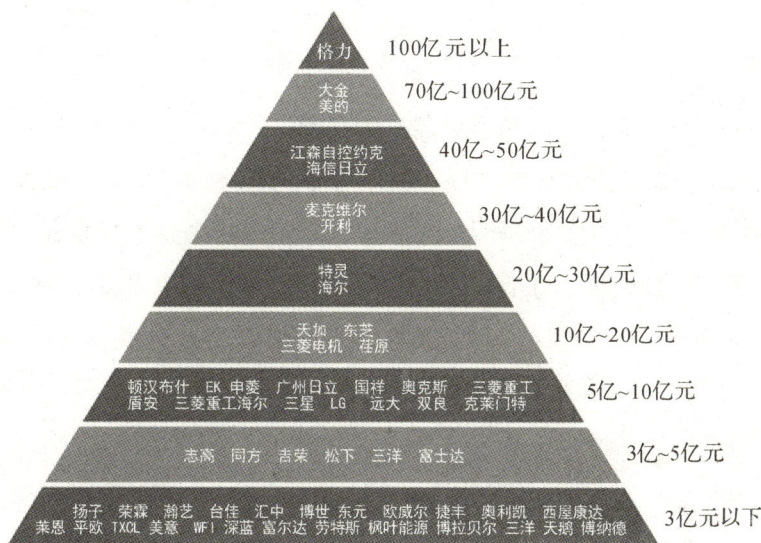

图 7-7　2013 年中国中央空调市场部分企业销售情况

在这条布满荆棘的道路上,格力电器花了 10 多年时间才获得了被美国企业长期垄断的离心机组技术以及被日本企业长期垄断的变频多联机技术。

据《2013 年中国中央空调市场发展报告》显示,2013 年,格力直流变频产品成为中国水机市场的标签,并由此突破了原本由外资企业垄断的技术门槛。除了在自身优势产品——单元机上继续高歌猛进外,格力在多联机、离心机等产品上也表现出了强大的市场竞争力。尤其是 2012年年底推出的永磁同步变频离心机组,更是获得了大量标志性项目的订

① 凤凰网.市场占有率独占鳌头 格力中央空调领跑 2014［EB/OL］. 2014. http://finance.ifeng.com/a/20140225/11743404_0.shtml.

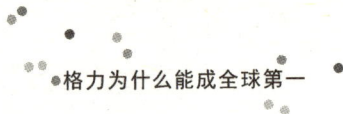

单,截至目前已被用于全国 100 多个项目。①

格力继续领跑中央空调市场

在中央空调市场上,格力电器继续领跑,这样的业绩来源于格力电器的研发投入。据《2013 年度中国中央空调行业产品发展分析报告》显示,在 2013 年的中央空调市场中,有 38.3% 的销售来自于多联机,而多联机 97.4% 的销售来自于变频多联机。与 2012 年同期相比,变频多联机 2013 年的增长率超过 18%,是所有中央空调产品中增长最快的产品,而且这已经是多联机连续 3 年以上保持高速增长。格力多联机的市场认可度已经引起了所有中央空调生产企业的关注,见图 7-8。②

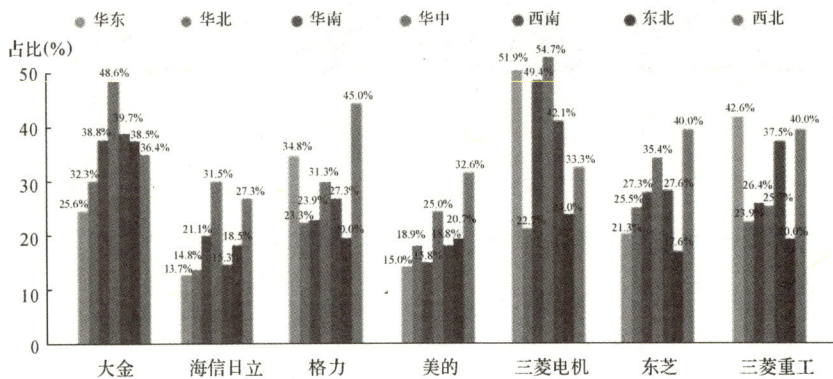

图 7-8　2013 年部分多联机品牌各区域零售占比

在中央空调市场上,对市场排前 7 名的分析结果显示,日系品牌在变频多联机市场中依然占有绝对优势,日系品牌 5 个,国产品牌只有 2 个。

① 凤凰网. 市场占有率独占鳌头 格力中央空调领跑 2014[EB/OL]. 2014. http://finance.ifeng.com/a/20140225/11743404_0.shtml.

② 暖通空调资讯. 2013 年度中国中央空调行业产品发展分析报告[EB/OL]. 2014. http://www.hvacrinfo.com.cn/list.asp? C-1-9851-9. Html.

　　不难看出,日系品牌大金在此领域仍然处于绝对领先地位。不过,随着中国本土品牌的强势崛起,日系品牌占比也在逐年下降。海信日立保持在第二名的位置,但是销售占比与排在第三名的格力仅有不到0.4%的差距。美的、三菱电机、东芝、三菱重工和海尔几个品牌的占有率都有不同程度的提升,可以看出整个市场的品牌集中度越来越高。8个品牌的占有率已经超过86%。①

　　众所周知,随着国家对节能环保的重视,以及用户对空气舒适度要求的提高,中央空调市场的竞争不仅仅是产品的竞争,更是整体解决方案和服务的竞争,即家用中央空调的竞争优势将向品牌和技术回归,而与此同时,中央空调新一轮的更为残酷的洗牌也将开始。

　　据《2013年度中国中央空调行业产品发展分析报告》显示,2013年度,中国中央空调市场整体销售规模约为644亿元,首次突破600亿大关,同比增长率约为9.5%。其中,格力中央空调依旧保持2012年以来的良好发展势头,以15.7%的市场占有率蝉联行业第一。

　　资料显示,格力中央空调2010年、2011年、2012年的市场占有率分别为9.6%、11.4%和14.3%,离心机组、螺杆机组、模块机组、变频多联机组、单元机组等全系列产品都获得了高速增长。2013年,15.7%的市场占有率再一次证明了格力在中央空调领域的龙头地位。②

　　格力电器之所以能一枝独秀,能保持如此强劲的发展势头,与其坚持专业化、坚持创新有关。只有凭借核心技术创新产品,才能赢得市场。

　　在2013年,格力电器就自主研发了"光伏直驱变频离心机系统"技

---

　　① 暖通空调资讯.2013年度中国中央空调行业产品发展分析报告[EB/OL].2014.http://www.hvacrinfo.com.cn/list.asp? C-1-9851-9.Html.
　　② 凤凰网.市场占有率独占鳌头 格力中央空调领跑2014[EB/OL].2014.http://finance.ifeng.com/a/20140225/11743404_0.shtml.

术。正是凭借这项全球首创的创新技术,格力电器进一步确立了在大型中央空调市场的竞争优势。

据《暖通空调资讯》发布的《2014 年度中国中央空调市场发展报告》显示,2014 年度,报告中列举的 6 个本土中央空调品牌中,格力以 16.7％的市场占有率蝉联行业第一,美的以 10.9％屈居第二,而志高以 0.7％的市场占有率垫底。

Chapter

08 做百年企业
的战略逻辑

格力电器 2013 年实现营业总收入 1200.43 亿元,净利润 108.71 亿元,纳税超过 102.70 亿元,是中国首家净利润、纳税双双超过百亿的家电企业,连续 12 年上榜美国《财富》杂志"中国上市公司 100 强"。

这样的业绩足以证明格力电器行业领导者的姿态。① 尽管格力电器销售额突破 1200 亿元大关,董事长董明珠对此却非常坦然。她说:"虽然营业收入突破 1000 亿元,但我们要继续化压力为动力,争取未来五年每年增长 200 亿元。"

那么,是什么让格力电器能一枝独秀实现快速增长、展现出强劲的发展势头?格力为何能成为全球首个突破千亿元的专业化家电品牌?为何自 2008 年以来,格力电器营业总收入能以每年 200 亿元的增幅持续增长?

绝对不会随波逐流,坚持专业化

在后金融危机时代,业绩较好的企业都是相似的,业绩不好的企业

---

① 申明.格力电器:挺起中国制造的创新脊梁[N].科技日报,2013-03-08.

却各有各的原因。有人说，有的企业业绩不好在于其选择了多元化战略，就像圣经里的那扇宽门，把企业引向倒闭——由于那扇宽门是宽的，自然进入这扇宽门的人很多；而专业化，就犹如圣经里的那道窄门，因为看起来很小，愿意进去的人自然就不多。

殊不知，正是选择窄门的企业经营者，才更有可能把企业打造成百年老店。在格力电器的路径选择中，前任董事长朱江洪和现任董事长兼总裁董明珠毅然地选择了进入窄门。正是这个选择，使格力电器成为挺起中国制造脊梁的中国品牌之一。

专业化是没有止境的

在中国，家电企业除了格力电器之外，几乎都在进行多元化经营，产品除了空调，还有洗衣机、冰箱、电视，等等。

这样的现象正反映了企业在战略上的抉择，要么专业化，要么多元化。如今，镀金时代的心态依然存在，遍地的机会可能让很多企业经营者无法拒绝诱惑，从而开始盲目跟风，最终随波逐流。

面对举不胜举的投资机会，董明珠却敢于说"不"。在接受《中国周刊》记者采访时，董明珠坦言："我绝对不会随波逐流！"

在董明珠看来，除了空调，格力电器还没有打算进行多元化，因为专业化是没有止境的。对一度非常"火爆"的房地产投资，格力电器更是屡屡说"不"。董明珠说："我们有太多进入房地产业的机会，我们到哪里投资建厂，对方都说，我给你几千亩地搞房地产吧，但都被我们拒绝了。你知道吗，别人说，从没有遇到过像你们这样的人，别人一来都是先把地圈得大大的。"

据媒体报道，董明珠已经不止一次拒绝涉足空调之外领域的机会。在中国空调业有史以来的两波多元化扩张的风潮中，董明珠都选择了专注地走专业化道路。董明珠的目标很明确:"我们就是要做空调业的老大,别无他求。"

据媒体披露,格力电器至今已开发出包括家用空调、家庭中央空调和商用中央空调在内的20大类、100多个系列、3000多个品种规格的产品,空调品种规格之多、系列之齐,均居全国同行首位。

虽然在后金融危机时代,格力电器业绩的一枝独秀向那些迷恋多元化经营的中国企业经营者泼了一盆冷水,但是争论却依然还在进行。

在20世纪90年代的中国,多元化成为诸多经营者绕不过的话题。在那个机会多如牛毛的时代,似乎只要多元化就能成功。当时很多企业都在积极地推行多元化战略,春兰也不例外。在1995—1996年间,时任春兰总经理的陶建幸开始实施多元化战略,提出了春兰第一个五年计划。

在这个五年计划中,春兰确定未来的五年战略是"立足空调产业,进行产业扩张,形成多元经营框架"。因此,春兰的产品生产随之延伸到冰箱、摩托车、卡车、高能电池,甚至液晶显示器等领域。就这样,1996年,春兰正式启动了多元化战略。

由于格力电器当时采取的是跟随战略,自己的标杆没有了,摆在格力电器前董事长朱江洪面前的首要任务是,必须要有一个明确的发展战略来指导今后的发展方向。

在这样的背景下,朱江洪毅然选择了专业化。朱江洪认为,多元化经营势必样样都遭遇激烈竞争,格力在其他行业没有绝对的技术优势,所以,就专心做有把握的空调。

可以说,专业化战略在格力电器的发展中起到了非常重要的作用,作为继承者的董明珠也看到格力专业化的正能量,董明珠坦言:"逼得我们不能退,只能往前走,在这种压力下,才能做得更好。"

董明珠选择专业化,不是企业不能进行多元化,更不是外界的诱惑不够大,而是董明珠有着绝不随波逐流的战略坚持。

董明珠解释说,在1999年、2000年网络行业一片火热时,外界诱惑特别大。有人在香港注册了一个IT公司准备上市,问格力方面能不能派人去兼一个董事。对此,董明珠直言不讳:"不熟悉的领域,你不能掌控它,你进去不是盲目吗?钱投进去怎么收回?"

董明珠的拒绝是有道理的,就像吴炳新所言:"天底下黄金铺地,哪个人能够全得?"后来的事实人所共知,网络泡沫很快破碎,很多热衷此道的传统企业都垮掉了。

不可否认的是,跑马圈地的结果使得越来越多的创业者陷入了被动之中。在这场轰轰烈烈的多元化实践运动之中,巨人集团创始人史玉柱就是其中一个著名的受害者。

为此,史玉柱曾公开反对多元化说:"但凡鼓吹自己多元化的,3年就会经营困难;不过5年,就会完蛋。民营企业面临的最大问题,不在于你有没有发现机会的能力,而在于你能不能抗拒各种机会的诱惑。"

史玉柱反对多元化的理由很简单,因为史玉柱自己在多元化的陷阱中栽过大跟斗。史玉柱分析了多元化失败的原因:"那时候,头脑发热,做过十几个行业,全失败了。比如,当时做的脑黄金、巨能钙、治心脏病的药,我们的老本行——软件、计算机硬件。当时传销还不算违法,还成立了一个传销部开始研究传销。(传销)队伍刚培养好,国家(开始)说传销违法了,最后那批人就解散了。"

做实业要耐得住寂寞

有人说,多元化就如同罂粟花一样,伴随着陷阱而生的机会总是不断地诱惑着数不胜数的企业经营者。多元化诱惑的最可怕之处在于,这些陷阱往往以潜力巨大的商业机会的面孔出现在企业经营者的战略决策中,这些所谓的多元化机会有着非常漂亮的外表,如同一幅幅诗情画意的财富画卷,令数以万计的企业经营者为之激情冲动、意乱情迷。这样的诱惑无疑催促着企业经营者随时为之做出抉择。

然而,企业经营者选择的这一条路,最终很可能会走向那些覆盖着罂粟花枝的致命陷阱之中,而步入陷阱的企业既有庞大的跨国公司,也有创业数周的行业新秀;既有世界首屈一指的行业巨头,也有潜藏在某个区域的隐形冠军;既有老牌的百年企业,也有商界的新星;既有优秀的世界知名品牌,也有刚开张的连锁铺子……当初这些企业经营者创造的辉煌如同一颗颗快速陨落的流星,虽然绚丽,却过于短暂。

在金融危机后,中小企业一批批地倒闭了,究其原因,就在于中小企业经营者耐不住寂寞,纷纷投资房地产,或者进行多元化发展,一旦市场环境发生变化,或者政策出现调整,这些中小企业就成为倒闭的先锋。

不可否认,格力电器在坚持专业化的同时,也就意味着要放弃其他赚钱的机会,比如房地产。不过,在董明珠看来,房地产业虽赚钱快,但那不是她能赚的钱。董明珠说:"很多人曾劝过我,做空调多辛苦,一台才赚几百块钱,做房地产或者股票,一夜就赚多少亿。但我觉得,制造业的核心竞争力还是体现在产品上,在空调领域也还有很多事情能做。很多传统的实业家把心思转移到其他领域,赚 Easy Money(快钱)却让他们分了心,起家的实业反而弄砸了。其实,实业对中国很重要,中国也始终需要一批优秀的实业家。但是现在,做实业要耐得住寂寞。"

董明珠的观点很具代表性,因为在她看来,做实业要耐得住寂寞。这不仅是"工业精神"的坚守,同时也是为了拒绝陷阱式机会的诱惑。反观 TCL 电器、康佳彩电选择了多元化道路,最后却连原本的优势都丧失了;空调领域的春兰和科龙同样如此,春兰卡车有多少人见过?科龙冰箱不仅砸了容声的牌子,连空调的市场份额都损失惨重。而选择单一化经营的创维电视、美菱冰箱等,却都活得不错。① 正是因为这样的战略思维,格力电器迎来了发展机遇。根据 2011 年三季报,格力电器以640.75 亿元营业收入创造了 37.73 亿元净利润,比美的电器以 818.78亿元营业收入创造 28.80 亿元净利润,利润率明显高出不少,见表 8-1。

表 8-1　格力电器与美的电器 2011 年三季报比较

(1)	营业收入	美的电器	818.78 亿元
		格力电器	640.75 亿元
(2)	净利润	美的电器	28.80 亿元
		格力电器	37.73 亿元
(3)	增速	美的电器	43.24%
		格力电器	44.65%
(4)	投资收益率	美的电器	每股收益 0.87 元
		格力电器	每股收益 1.34 元

在表 8-1 中,对比"营业收入"指标,美的电器比格力电器的营业收入要高出 178 亿元。这当然与美的电器实施多元化经营——冰箱、空调、洗衣机等有关。相比之下,格力电器的净利润比美的电器要高 8.93亿元,格力电器的增速比美的电器要高 1.41 个百分点,格力电器的每股收益比美的电器要高 0.87 元。

在这几项指标中,除"营业收入"一项美的电器领先之外,其他几项指标美的电器均落后于格力电器,尤其是"净利润"及"每股收益"两项关键指标,美的电器落后明显。这说明,美的电器综合经营质量仍低于格

① 佚名.董明珠:格力要将专业化道路进行到底[EB/OL]. 2014. http://www.zgkong-tiao.net/news/11482467.html.

力电器。①

事实雄辩地说明，面对空调市场混乱无序的竞争，一贯坚持专业化经营的格力，不仅产品已涵盖了家用空调和商用空调领域的 10 大类、50 多个系列、500 多种品种规格，成了国内目前规格最齐全、品种最多的空调生产厂家，形成了业内领先的主导优势，而且充分地显示了 10 多年来，格力的专业化技术积累、雄厚的技术开发实力和经济效益再增值的潜在能力！

格力要将专业化道路进行到底

在中国企业的多元化道路上，倒下的企业举不胜举，如联想 FM365 的倒闭、海尔生物制药的无功而返、实达沦为 ST 股、奥克斯汽车停产、德隆系的垮台。

从这一组失败的例子可以看出，多元化战略只适合于国家的某个转型期，因为这样的机会太多，根本不用考虑战略。在成熟的市场内，中国企业的多元化战略之路依然会如履薄冰。甚至有学者断言："包括海尔在内，中国现在还没有一家企业搞多元化是成功的。"

尽管这样的判断未免有些绝对，但是却凸显了中国企业实施多元化战略的现状。曾经令研究者为之鼓掌喝彩的成功，却成了今日大败局的案例，这不得不让人为之扼腕叹息。

我们对世界诸多百年企业进行研究后发现，对于德国的中小企业来说，一般认为其制胜的法宝是"一专二精"，它们只生产单一的专业产品，却努力将这个产品的市场横向扩展，销售到全球。

---

① 比特网.专家：格力三季报综合表现好于美的[EB/OL].2014. http://hea.chinabyte.com/146/12191146.shtml.

格力电器 2013 年半年度报告称,"在国内经济低位趋稳,行业不景气的大环境下,受房地产调控、节能补贴政策退出、气候等因素影响,国内市场增长乏力;海外市场受政局、经济、汇率等因素影响,需求亦较为疲软。在年初继续推行'公平公正、公开透明、公私分明'管理方针的经营思路指导下,公司坚持以市场为导向,围绕重点工作,科学决策,沉着应对,积极开拓,实现营业收入 528.96 亿元,较上年同期增长 10.38%;实现归属于上市公司股东的净利润 40.15 亿元,较上年同期增长 39.85%,取得了良好的经济效益,市场份额进一步提高,行业龙头地位进一步巩固"。具体见表 8-2、表 8-3。

表 8-2　格力主营业务分析　　　　　　　　单位:元

项　　目	本报告期	上年同期	同比增减（%）	变 动 原 因
营业收入	52,895,682,454.60	47,923,438,391.98	10.38	
营业成本	38,293,762,866.25	36,967,104,445.05	3.59	
销售费用	8,446,583,764.77	6,058,138,901.41	39.43	销售增长对应销售费用增长以及加大市场拓展力度所致
管理费用	2,041,675,882.89	1,661,649,490.97	22.87	
财务费用	−58,564,927.59	−73,332,097.55	−20.14	
所得税费用	937,158,674.62	510,408,304.26	83.61	利润总额增长对应所得税费用增长所致
经营活动产生的现金流量净额	15,751,945,357.16	15,661,247,111.85	0.58	
投资活动产生的现金流量净额	−1,800,455,421.97	−2,328,609,462.78	−22.68	
筹资活动产生的现金流量净额	−679,922,791.02	1,975,076,286.77	−134.43	去年同期增发股票所致
现金及现金等价物净增加额	13,041,255,373.57	15,290,284,152.64	−14.71	

表 8-3　格力主营业务构成情况　　　　　单位:元

项　目		营业收入	营业成本	毛利率(%)	营业收入比上年同期增减(%)	营业成本比上年同期增减(%)	毛利率比上年同期增减(%)
行业	家电制造	48,001,740,855.21	34,009,179,998.18	29.15	8.99	1.27	5.40
产品	空调	46,822,295,842.90	32,992,752,405.46	29.54	9.33	1.23	5.64
	小家电	716,133,937.15	608,713,846.58	15.00	−8.88	0.49	−7.93
	其他*	463,311,075.16	407,713,746.14	12.00	7.36	5.20	1.80
地区	内销	37,604,311,557.84	25,013,324,170.10	33.48	8.21	−1.20	6.33
	外销	10,397,429,297.37	8,995,855,828.08	13.48	11.90	8.81	2.46

　　在多元化还是专业化的争论中,格力电器用业绩向外界证明了专业化战略的可行性。当然,今日格力电器凭借着单一的空调业务——家用空调、商用空调长袖善舞,而不去涉足其他领域,足以说明专业化战略的巨大潜力。

　　从表中数据可以看出,格力电器在空调专业化的道路上已经被证明是一个成功的范例,其在空调行业后来居上,迅速成为可以与春兰、海尔、科龙等品牌相抗衡的著名企业的显著业绩,值得许多企业借鉴与学习。

　　对此,格力电器董事长董明珠多次强调:起码未来5～10年,格力空调市场仍有上升空间;格力要将专业化道路进行到底,要在技术研发方面更进一步,如能耗的节约、空调压缩机体积的变小等。

　　在董明珠看来,格力电器不仅不会实行多元化,而且还要将专业化道路进行到底。这主要是因为专业化能够集中资源研发和攻克核心技术,从而领跑空调市场,这样就可以保持中国空调冠军的绝对优势。对此,董明珠说:

　　　　我这辈子只做了一件事。我相信未来10年,格力依然会坚持走空调专业化的道路。专业化与我们的定位有关,也是"自断后路"的做法——我们只能成功,不能失败。对那些搞产品相关多样化的企业来说,一类产品失败了,还有其他产品可以补进,但格力不行,如果空调我们做不好,消费者不买账,我们就会全盘皆输。

另外,我们的目标是在全球空调业中成为领导者,对企业来讲,发展的天花板是核心技术不能突破。只要技术不断升级,新的市场空间就会被创造出来。比如在家用空调领域,从过去的单机到现在的"一拖多";在商用领域,对恒湿、恒温新增功能的需求,这就需要你不断更新技术,生产新的产品。

我一直坚信,没有倒闭的行业,只有倒闭的企业。记得当年加入 WTO 时,很多企业恐慌来自竞争对手的挑战。但我觉得,"入世"反而促使我们练好内功,提高核心竞争力。

这样的观点得到了国务院发展研究中心副主任卢中原的认可。在中国经济论坛上,卢中原认为,中国很多企业采用多元化经营战略,但他们的一份调查结果却显示:相关多元化战略绩效好于不相关多元化战略,而专业化经营战略绩效又好于相关多元化战略。

卢中原的研究报告不仅是对董明珠坚持专业化的一种肯定,同时也间接地印证了专业化战略的可能性。

做百年企业先得培养接班人

对于任何一个企业而言,要想打造成为一个百年企业,接班人的培养无疑是一个重要的战略任务。为了能够把格力电器打造成为一个名副其实的百年企业,董明珠认为,首先要选择一个很好的接班人,因为制度是需要人制定和执行的,如果没有人执行、延续和发展,那么企业最终将会因为人的因素而发展停滞,所以要以打造百年企业的思路来进行企业的制度建设和人才的培养。

任期内最大的任务是培养接班人

在当上总经理后,董明珠就想到了要培养接班人。董明珠认为,尽管自己当时还很年轻,工作状态也非常好,但培养接班人的问题必须引起重视。在董明珠看来,培养接班人是领导者的责任。董明珠说:"因为一个百年企业不是靠一个人、两个人、三个人,而是靠几代人来完成的。所以我觉得作为一个优秀的领导者,他最关心的就是培养人。我记得我是 2001 年当总裁的,当时有人问我,你这个总裁上任以后,准备烧几把火? 我说我只干一件事,培养接班人。人家说我没有听过哪个老总刚上任就培养接班人。我觉得最成功的企业不是这一代人干得很好,来了一个接班人,这个企业马上就不行了,那是很失败的。"

事实证明,百年企业的打造不是依靠某一个人就可以完成的,必须凭借接班人顺利地接棒、交棒。因此,董明珠在多个场合都曾介绍,在格力电器,副总经理就是接班人的候选者。董明珠说:"当然我的副总都可以说是被圈定的人选,否则他也不能坐在副总这个位置上。但最关键的是他的全面能力,我们一定要有一种坚持、拼搏、不为自我的那种精神,要把它传承下去。这很难,但太重要了。"

从董明珠当上总经理的那一天开始,她就开始着重培养接班人了。

要想实现格力电器成为百年企业的理想,作为掌门人的董明珠必须保证在她退休之后格力电器能继续稳健发展。当然,实现这样的目标需要培养大批人才,包括要培养能够成为力挽狂澜者的人才。

董明珠坦言:"哪一天退休了,就能放下了。在位一天,就会一直这样。对于接班人,我最看重的是忠诚。作为普通员工,不能苛求他把企业作为生命,但是作为领导者,一定要把企业作为你的生命。这就是员工和领导的不同。我自己就是这样,虽然在个人生活上会有牺牲。但这种牺牲也是有价值的。付出的永远是少部分人,大多数人都是在享受。我的接班人,一定要像我,有种'舍得一身剐,敢把皇帝拉下马'的劲头,这种激情要一直能够保持。"

对此,董明珠说:"作为一个真正的领导者,可能他也在致力于培养接班人。接班人最重要的是品质修养,一个具有奉献精神的人,一个忘我的人,才能成为一个很好的领导,这点非常重要。如果一个领导醉心于自己的利益最大化,或者将自己的荣誉置于第一位,那么,这个领导是做不成的。只要他是大公无私的,就一定能成为很好的领导者。我们对所有的员工都倡导这样的文化和精神。另外,要把企业文化的沉淀、制度建设变成规律。我现在提出'三公'问题——公开透明、公私分明、公平公正,要求我们的干部将自己置于别人的监督下,就像政府在阳光下运行一样。这样的体制建成以后,慢慢熏陶就形成了文化。如果他不是一个优秀的管理者,也是站不住脚的。现在上市公司越来越规范化,对领导者来讲有一定的压力,必须让他知道该做什么。这对于格力来讲不是太大的问题,我们现在一直主张用团队精神做一件事情。"

"赛马式"地挑接班人

格力电器董事长董明珠如何下放权力呢?董明珠表示,自己任期内最大的任务是培养接班人。董明珠告诉高管们说:"这些人都会参加'赛马'。"

　　"这些人"包括公司主管质量的副总裁庄培、主管财务的副总裁望靖东、分管质量的总裁助理赵志伟、分管中央空调业务的总裁助理兼副总工程师张辉、分管家用空调业务的总裁助理兼副总工程师谭建明,以及主管技术和生产的副总裁黄辉因。

　　从格力电器新团队成员的构成来分析,董明珠将会进一步强化格力电器的技术和质量。在格力电器的运营中,她将尽力地培养格力电器的下一代管理层。

　　据董明珠介绍,人才队伍实际上是她这十多年来一直在关注的最重要的问题。因为董明珠认为:"人才队伍不仅仅是接班的问题,而且是一个团队的问题。当你退休的时候,这个人不仅能接你的班,而且还能带领一个团队,这是最重要的。在团队里面就要有不同的角色,哪些人适合什么样的角色,不是说明年、后年我准备退了,再来考虑,那是不对的。这是一个长期的工作,人才需要不断地去储备。因为我们现在都讲市场经济、职业经理人的问题,但我并不希望格力的领导人是一个简单的职业经埋人。我觉得他们爱这个企业应该像爱自己的家一样,我觉得这样的一个团队对企业才是真正有意义的。"

　　不过在董明珠看来,要想成为格力电器的接班人,必须具备如下素质:"第一个是要忠诚,第二个是要有奉献精神,第三个是讲诚信。如果这几个最基本的素质都不具备,也许他的能力强,但对企业来说可能就像是埋了一个定时炸弹。所以我觉得忠诚很重要,诚信也很重要。但还有一条是不可丢失的,那就是不能因为我们职务发生变化,就放弃奉献的精神,这个是无论如何你都不能丢弃的。因为你只有坚持这一份奉献精神,你才能带领一个团队,因为你是别人的标榜,别人会以你为榜样,你是什么样的人,你的部下就会以你的行为为标准。所以,我觉得这三点对于一个领导者来讲非常重要。因为他要有一种牺牲的精神,奉献的精神实际上就是一种牺牲，就是不能考虑个人得失，而应该更多地把自己的精力全身心地投入到企业里面，把自己个人的生命和企业联系在一起。我觉得这就是企业的生命力所在。"

不可否认的是，要想顺利地选拔和培养理想的接班人，不仅需要精力，更需要时间。董明珠回忆说："2001年，我当总裁时，就说要培养接班人，培养一个接班人不是一两年能解决的问题，更多的时候要从他的思想、举止等多方面考量。"

正如董明珠所言，辨别、培养人才非常不容易，掌握权力的时候也是最能够考验一个人的时候。平时看一个员工可能各方面都很好，但当他有权力的时候，是否能够做得好就很难讲。董明珠介绍说："在格力的干部队伍建设的过程当中，每年有一个梯队，给他们一个平台，让他们展示自己，看他们的判断能力、组织能力，还考验他们对企业的忠诚度。如果一个员工不忠诚于企业，那么他越有能力企业就越不能用，因为用得越多，企业受得伤害越大。"

董明珠坦言，在考核干部时，她首先要看他对企业的忠诚度。董明珠说，外界认为格力的营销非常成功，其实这证实了格力的人才培养很成功。

让听得见炮火的人掌舵

如今的格力电器风光无限，要想继续谱写格力电器的辉煌业绩，对于格力电器董事长董明珠而言，接班人和传承是一个不得不思考的问题。董明珠说："我们现在开始把'80后'作为主要骨干，把'90后'作为苗子来培养，逐渐建立一支长期、稳定的团队。我们打造一个公平、公正的环境，培养出很多优秀的人才，这些人逐步走上领导岗位，这才是格力的宝贵财富。"

董明珠坚持从内部培养接班人的方针，这是有她自己的考量的。的确,作为一名女性,董明珠的成功接班,在中国 30 多年的企业史上实属罕见。对其他企业来讲,董明珠的接班故事几乎无法复制。

接班人的选择和识别,是董明珠的难点和关键。尽管如此,格力电器的管理团队似乎都是内部提升的,这样做体现了格力电器独特的企业文化。董明珠解释说:"在格力,有个不成文的规定,只要是从同行企业出来的,无论多能干,原则上不收留。不是说别人不优秀,但如果仅靠别人培养人才,本身就是一个贪婪的行为。跳槽的人,在原来企业'叛逃'有很多原因,但大部分都是利益上的问题,或者说个人的利益,比如个人愿望达不到满足。在珠三角,其实存在许多'商业间谍',在原公司授意下,跑到别的公司'潜伏'几年,然后辞职,将后来公司的一些经营秘密带回原公司。别的公司有过前车之鉴,所以格力用人也非常小心。经常有公司在格力门口挖人,但是我相信,真是我的人才是走不掉的,不是我的人才也留不下。格力有自己独特的文化,通常离开格力的员工都不准再回来。而且,格力培养的人才也很难适应其他企业。"

董明珠解释说:"因为格力的企业文化是不一样的。格力更多倡导文化教育,而不是经济交易。很多人说,你到我这儿来我给你高薪,但在我看来,如果一个人的着眼点就是为了能挣更多的钱,以自我为中心,永远带一种贪婪的心情去做事,很难建设好企业文化。格力坚持培养一种奉献精神,我们的幸福感和价值观在于能够让更多人幸福起来,这就是你的价值。从格力出去的人,相对单纯,不会搞人际关系,因此在别的公司往往显得格格不入,很难融入。我觉得,企业高管都应该从内部培养,自己培养的人才对企业有感情,员工也信服。有的企业好不容易挖来一个营销人才,'含在嘴里怕化了,放在手上怕飞了',即使违规操作,企业也睁只眼闭只眼,那么这一个人就会殃及整个网络,甚至毁掉整个销售队伍。"

杜绝恶性竞争，净化中国的商业环境

在董明珠看来,对于家电行业而言,最为紧迫的是规范整顿市场秩序,这是解决企业之间恶性竞争的有效措施。只有这样,企业才能进行公平的市场竞争,否则,可能会危及消费者。在解决企业之间的恶性竞争问题上,董明珠有着自己的看法:"很多家电老总们也大声疾呼要防止市场恶性竞争。而且,最近的万家乐空调倒闭,之前的银燕、乐华……品牌的倒下无不昭示着家电行业需要建立市场规范,不能让恶性竞争越演越烈,否则最终受害的只能是消费者和原企业的普通职工。"从董明珠的忧虑中不难看出,恶性竞争不仅可以毁掉企业自己,甚至可能毁掉整个行业。

炒作无氟变频空调都是在欺骗消费者

一向言语犀利的格力电器董事长董明珠曾多次炮轰中国的空调企业,其目的是为了更好地推动中国空调行业的发展。比如,董明珠就炮轰过"无氟空调"不过是个炒作概念。

事情是这样的。2010 年 6 月 5 日,时任格力电器总裁的董明珠在"创新中国管理模式——2010 年金蝶明珠会理事大会"管理论坛上炮轰中国的空调企业。董明珠说:"格力电器这么多年来推出了很多新的改革,要求八年不回头、六年免费服务。到目前为止,真正的变频空调最大的特点就是舒适,要想舒适就是不停机。但目前我们国家还有很多企业,可以说很难做到不停机,尽管你有变频的频率表现,但没有真正实现变频。所以作为一个企业,对消费者的承诺一定要是真诚的。现在的无氟空调,其实都是有氟的,但企业在炒概念,就可以不尊重事实,撒谎欺骗消费者? 我觉得这种行为不可能赢得市场,也不会赢得别人对你的尊重。"

的确,在 20 世纪 90 年代,炒作概念让一些经营者赚得盆满钵溢,但是却因为忽悠消费者而最终被市场淘汰。正因为如此,董明珠不无忧虑地说:"上述两种行为是欺骗消费者,未来不可能赢得市场。"

不仅如此,董明珠直言,美的在"紫砂煲事件"上表现得不负责任。董明珠说:"创新有很多种模式,我们格力电器坚持了自己的创新文化、自我培养的文化。格力电器的发展历程,可以说时间不长,我记得我到格力电器是 1990 年,那时候每年的销售额才 2000 万元,20 年后的今天已经是 500 亿元,而且我去年跟总书记汇报的时候,格力空调年产量其实已经达到 2700 万台。所以,我们觉得一个市场能不能认可你,还要看企业家是否秉承诚信的精神。你的血液里得流着道德的血液。你不能伤害消费者,伤害了他就是伤了你自己,不能只顾眼前的利益,不能认为今天赚钱多,就可以伤天害理。我认为一个企业应该考虑,你是不是能够百年发展,你的行为对每一个消费者都必须是负责任的。"

随后,董明珠"无氟空调是炒作概念"的观点遭到了海信科龙新闻发言人王瑞吉的驳斥,王瑞吉说"董明珠不懂技术"! 那么,董明珠是真无知还是假无知? 据专家解释,氟利昂(英文 freon)是美国杜邦公司对其发明的制冷剂的命名商标,包括 R12、R22 等,这些制冷剂因含有对臭氧层破坏的氯元素,目前正在被发达国家禁止使用,取而代之的是不含氯元素的新冷媒,如 R410A。国际范围内的所谓无氟空调是指不含有这种能够破坏臭氧层的氟利昂的空调,如欧美称之为 CFC-free 或 Non-freon。[①]

---

① 中国网. 破译无氟变频空调被炒真相[EB/OL]. http://www. china. com. cn/news/txt/2010-06/13/content_20257349. htm.

　　在笔者看来,董明珠宁愿得罪同行也要把正确的产品信息传递给消费者,这的确是负责任的做法。有人指出,行业内巨大的库存大都是含有氟利昂的空调。也许正是在巨大的压力之下,个别人才会说出这样的话,"这是董明珠只维护企业这个小家的利益,而不顾社会这个大家的利益的行为,是一种阻碍中国空调产业升级的做法"。

　　针对无氟变频空调的炒作事件,中国家电协会理事长姜风在接受记者采访时回应:"无氟空调确实对臭氧层无害,因此宣传'无氟'概念没什么问题。"这是对无氟变频空调的肯定,利国、利民、利企。同时,行业专家姜培峰也表示:企业竞争要规范、有序,不能靠一些营销炒作和投机取巧,要学习国外先进的理念和技术,踏踏实实做守信企业。①

　　对此,网易财经向董明珠提问:"您在业界一直以敢言敢行著称,之前和政府打官司,后来又炮轰同行。关于没有无氟空调和变频空调那件事,有同行说你不懂技术。对此,您是什么看法?"

　　董明珠回答说:"每个人发表讲话都是他的自由权利。但是,我讲没有无氟空调是尊重事实。当然别人说了,你是一个不懂技术的,全中国、全世界都说董明珠是一个搞营销的高手,而不是一个懂技术的人。但是作为一个老总,他对基本的概念是要懂的。我觉得无所谓,他有他的话语权,但是最终让专家说话。后来我们国家有一个化工专家,我在媒体上看到一篇文章,我现在还一直想找这个老师,因为他帮我(验明正身)。他说,董明珠说没有无氟空调,她想什么我不知道。但是我可以证明一点,她讲的没有无氟空调是对的,所以我觉得大家不要去争辩。我们觉得真能开发出这样一个冷媒才是当务之急。所以我们开发出来290。

---

　　① 中国网.破译无氟变频空调被炒真相[EB/OL]. http://www.china.com.cn/news/txt/2010-06/13/content_20257349.htm.

其实290这个冷媒产品，怎么把它应用到空调上去，这是个很大的技术问题。现在我们成功了，等着国家出标准。标准出来以后，我们将全部推广290这样一个环保冷媒，温室效应问题就可能被彻底解决。"

业内存恶意竞争者

中国本土空调企业的恶性竞争，格力电器同样被卷入其中。当被问到"企业应该如何避免来自同行的恶性竞争？遭遇恶性竞争后，企业应该如何应对？"这个问题时，董明珠认为，国家应制定更有效的法律制度来打击恶性竞争，比如追究恶性竞争者的刑事责任。

董明珠在多种场合呼吁，家电业界应该停止恶性竞争。对此，董明珠是这样解释的：

> 竞争，我觉得是必需的。因为人只有在竞争的过程当中，才能追赶一个先进的目标。比如说我做得比别人好，别人一定要追赶我；如果我要让人家不超过我，我就必须要更努力，这是一个良性竞争。

> 但现在的恶性竞争，这次我们人大代表提交的一个议案，就是充分地调查了几个月，对市场上目前存在的恶性竞争，希望国家立法。

> 良性竞争推动了一个行业或者整个社会的进步。但是，现在是采取了各种不择手段的方式，比如说到别人企业用恶劣的手段去挖人。当然在挖人的过程中，可能有人选择了你，但未必是所有人都选择你。

> 我觉得这个还不能算是特别恶性的，因为你必须用高薪吸引一部分人到你的企业里去。但是我们认为格力的文化，就是

你用再多高薪也未必能挖走他。因为我们创造的是一个人一生的价值追求，我们是要去创造财富，而不是简单地一个享受财富，你只有创造财富，你才能享受财富。所以这种来挖人的人，他不一定能挖得走我的人，事实也证明了这一点。

但最可恶的是，现在网络发达，有一些企业就不择手段，比如说在网络上进行诽谤、攻击、造谣，甚至诋毁，这是一个部分。还有一个我觉得是恶性竞争的，比如说"三鹿奶粉事件""三聚氰胺事件""紫砂煲事件"，我认为这些都应该拉入恶性竞争里面去。这些恶性竞争损害了消费者的利益，只考虑企业自身的利益更大化。

比如"紫砂煲"这个事件，可能一个陶瓷内胆的成本就十块钱，但利用一种化学原料变成"紫砂煲"以后，有的企业可能就卖几百、上千块钱，这是坑害消费者的利益。我认为它也是恶性竞争。

董明珠之所以提出这样的建议，主要是因为在"世界名牌"风波中，格力电器察觉其背后存在明显的人为操纵痕迹。

事件是这样的。2010年2月10日，家住河南省洛阳市的冯浩购买了8台格力空调，总共支付12792元。而后，冯浩起诉格力电器，起诉理由是格力电器在广告中将"中国世界名牌"简单宣传为"世界名牌"是在误导消费者，存在利用虚假广告进行欺诈的行为。①

不仅如此，在洛阳、武汉、天津、西安、深圳、温州、揭阳、北京、重庆、衡阳等其他地区也出现了以与冯浩同样的理由起诉格力电器的相似诉讼。

---

① 王云.董明珠:中国创造需要商业环境支撑[J].财经国家周刊,2010(12).

这样大面积起诉格力电器的事件,引发了媒体的大肆报道。最后,国家质检总局表态,以不会取消格力空调"世界名牌"的称号而结束了这场闹剧。

在这场大面积的起诉闹剧中,一个值得关注的细节是,其中多个起诉都是发生在同一天,而且都是用户上午购买格力空调,下午就到法院起诉格力"虚假宣传"。[①]

面对这样的情况,董明珠坦言:"这些用户为什么不先把空调装上去看看好不好用,而是还没安装就急不可耐地起诉;而且为什么不同地区的用户都在同一天起诉格力;这么多的为什么,不可能用巧合来解释。"

杜绝恶性竞争,必须净化中国的商业环境

如今,恶性竞争正在令中国空调行业步入"劣币逐良币"的恶性循环之中。一位业内人士更是直言不讳地说,空调行业内的风气正在每况愈下。

在该业内人士眼中,中国空调业内恶性竞争已经非常严重。他举例说,恶意诋毁、诬陷、渲染,已经成为一些厂商打击竞争对手的惯用伎俩,有的公司甚至专门招揽"网络推手"公司,在网络上制造大量虚假信息,混淆公众视听。[②]

不仅如此,一些企业利用消费者对某些技术的不了解,对消费者进行误导,使得消费者对空调产品的质量标准认识不清。该业内人士说:"这就导致一个结果,专心做研发的企业,其产品销售受到冲击,惯用恶意营销的企业却得利。长此以往,整个行业的技术研发积极性都会受挫,最终让外资厂商受益,受损失的还是行业本身。"

---

①② 王云.董明珠:中国创造需要商业环境支撑[J].财经国家周刊,2010(12).

面对中国空调行业的恶性竞争环境,网易财经记者问董明珠:"作为行业内人士,您认为目前空调行业存在的最大问题是什么?"

董明珠回答说:"这是某些企业的恶意的不良行为。有的企业会花钱买通媒体编造故事写文章攻击对手。就拿我们格力为例,一年几千万台(的销量),有的产品可能用了十年、八年的,有的可能是刚刚买回去的,因为安装等等产生问题。我就按照万分之一的比例,一年会产生2000台的维修量。当然,有的消费者很合情合理地跟你提要求;有的消费者是非要跟你讨价还价,我非要跟你道个一二三。这些情况都可能引起一些不应该发生的纠纷。好了,竞争对手就借机会来了,得到消息马上花钱找某某记者,你帮我搞一篇。所以我们有一个呼吁,不要去伤害别人。但是我想最好的办法还是找自己的麻烦,你最好做到不让人说。所以我推出来两年免费包换政策,两年之内你坏了都是我的,我直接就给你换了,不给你修。我觉得终身包修是不合情理的,这样我就要给出一个合理的承诺。我们去年提出来是一年免费包换,有的企业跟着我们喊,也说一年免费包换,但是一年以后他不敢喊了,他要撤销这个承诺。在这种情况下我推出两年包换承诺,就希望我们行业提高产品质量。当然同样有人会骂我,但是我觉得他从内心里要感谢我,因为我让他的企业转型升级上了一个台阶。"

在董明珠看来,要杜绝恶性竞争,就必须净化中国的商业环境。董明珠呼吁,中国的商业环境需要进行净化,不良风气亟需遏制,否则中国经济发展将错失通过创新科技来调整产业结构升级的大好机遇,甚至走向恶性循环,最终在国际市场中失去竞争力。①

---

① 王云.董明珠:中国创造需要商业环境支撑[J].财经国家周刊,2010(12).

打造世界空调第一品牌

在国际化的道路上,格力电器已经成为中国企业"走出去"的一张名片。格力电器前董事长朱江洪曾宣称,格力不仅是珠海的骄傲,更是中国的骄傲,它将会真正成为民族工业的第一品牌!在朱江洪看来,格力电器承载的不仅仅是企业的希望,更是中国民族工业的希望。而在格力电器未来的发展中,要想真正地成为民族工业第一品牌,就必须坚持创新。

目标是打造世界空调第一品牌

从最初的质量战略,到如今的品牌战略,格力电器的发展其实是一个渐进的过程。在 2001 年,格力电器提出"打造百年企业,创立国际品牌"的发展目标,从而将"品牌建设"置于重要的战略位置。由此,格力电器为了提升自身的品牌美誉度,可以说是不遗余力:锤炼品质,每一个零部件精挑细选,每道工序精益求精;技术创新,打破国外技术垄断,实现从"中国制造"到"中国创造"的跨越;管理创新,先进管理方法与国际管理接轨;六年包修,服务创举,实力保证。

正是凭借品质、技术、服务的多方提升,格力电器成功地打造了国际品牌形象。如今,格力电器正在打造世界空调第一品牌。然而,从中国知名品牌到世界空调第一品牌的跨越需要的不仅是时间,更需要品质和技术的支撑。

董明珠介绍说:"到欧洲一些国家去了解市场的时候,我跟某个大品牌也进行过交流。我说你曾经疯狂一时,全世界都仰视你,今天别人不敢讲不屑一顾,至少并不是尊重的态度。为什么?因为你在走下坡路,因为你不注重质量,低价采购产品贴牌,你的质量在消费者心目中已经在下滑,未来这个市场可能就不是你的。"

在董明珠看来:"作为国际化的企业,我的目标很清晰:在全世界,格力就是空调,空调就是格力。我们希望做的是开发出的产品,在全球消费者心目中是可以信赖的,是可以有强烈购买欲望而追随的,同时是受到尊重的。这样的品牌才能称得上是全球品牌,这样的国际化才是我追求的国际化。"

董明珠认为,格力电器要想成为世界空调第一品牌:"首先是品质的保证,其次是技术的创新。我们开发出的产品,不应只是满足现有的需求,而是要争取创造出新的需求。比如空调,大家都觉得是传统产业,但我觉得,里面还是有很多技术提升的空间。比如如何让用户感到更舒适、更环保,这些还有许多工作可以去做。如果做到了,你的品牌就是一个受人尊重的品牌。所以,我们投入了巨大的研发力量,组建了几个研究院,拥有几千个研发人员。而这些人员更多的是做基础研究,可能在短期内看不到实质东西,但长期来说,为新技术的实现奠定了基础。"

如今的格力电器在全球拥有珠海、重庆、合肥、郑州、武汉、石家庄、芜湖以及巴西、巴基斯坦等 9 大生产基地、7 万多名员工,已开发出包括家用空调、商用空调在内的 20 大类、400 个系列、12700 多个品种规格的产品,能充分满足不同消费群体的各种需求。同时,格力累计申请技术专利 12000 多项,其中申请发明专利近 4000 项,其自主研发的超低温数码多联机组、永磁同步变频离心式冷水机组、多功能地暖户式中央空调、1 赫兹变频空调、R290 环保冷媒空调、无稀土变频压缩机、双级变频压缩机、光伏直驱变频离心机系统等一系列"国际领先"产品,填补了行业空白,改写了空调业的百年历史。

核心技术成就格力电器世界空调品牌

2010 年 4 月,格力电器所发明的 1 赫兹变频技术被鉴定为"国际领先"水平,该技术已经成为格力电器 7 项"国际领先"技术之一,而格力电器也正是凭借这一技术,成为目前空调行业唯一具有国际领先技术的企业。

事实证明,格力电器之所以能够研发出国际领先的技术,是因为格力电器注重自主创新的企业文化。在公开场合下,格力电器董事长董明珠多次表示,跨国家电企业之所以制定长期的节能环保产品战略,一方面是因为这是产业发展的必然方向,另一方面也是为拉开与中低档产品竞争的差距,占领未来绿色产品市场。国内企业也要跟上步伐,认识到节能环保技术将是决定中国家电企业参与市场竞争成败的关键因素之一,也是家电行业技术创新、实现产业升级的一项重要内容。①

董明珠同时认为,从这个意义上说,"格力变频技术获得国家科技进步奖,在整个国际上也占有领先地位"。格力电器研发的 1 赫兹技术不仅体现了节能环保技术的最高境界,也体现了中国家电企业在技术上独立自主的研发实力。

在发展过程中,正是因为坚持自主创新,格力电器才取得了丰硕的成果,正是因为坚持这一战略,今天的格力电器才拥有技术领先的优势,才有了飞跃式的发展。正是凭借高效节能的核心技术,格力引领着世界空调产品的发展方向与趋势。比如目前广泛运用的 1 赫兹变频技术,克服了单转子压缩机在低频运行时振动较大、耗能较多的行业难题,实现

① 盐城晚报.格力电器:领先国际的环保企业领导者[N].盐城晚报,2012-04-06.

了在 45 瓦低耗电状态下的稳定运行。与同冷量的普通空调相比,格力 1 赫兹变频空调一年可节电约 440 度,同时减少了大量的二氧化碳排放。[①]

格力电器取得的这一系列创新成就,源于格力电器雄厚的科研班底——5000 多名科技研发人员、两个国家级技术研究中心、3 个研究院、26 个研究所、300 多个实验室、6000 多项专利,其中发明专利 1300 多项,年科研投入超过 30 亿元。这就是格力空调能做到连续 17 年销量全国第一、连续 7 年全球第一的根本原因。

研究发现,在格力电器的战略中,自主创新的战略思维已经植入到了格力电器的新产品研发和生产中。董明珠坦言:"我认为创新是全过程的变化。历史上没有的技术,才是真正的原始性创新。我们在一些固有的、大家认同的技术上进行突破,同样是创新。关于离心机,美国四大家族的产品有几十年的历史,在这个基础上,我们现在生产的产品,同等条件下可以做到节能 40%,攻克了中央空调领域的多项世界难题,技术处于国际领先水平。这难道不是创新吗?"

在董明珠看来,要想获得核心技术,就必须大力支持产品创新。不仅如此,据董明珠介绍,格力电器在研发投入上上不封顶。

拓展海外市场,打造名副其实的世界空调品牌

要想成为世界知名空调品牌,就必须真正地实现国际化,否则一切都是纸上谈兵。为了更好地实现格力电器"先有市场,后建工厂"的国际化战略,格力不仅加快了海外制造基地的布局,同时也在注重品牌的国际化进程。

---

① 陈妙.坚持自主创新,格力空调誓做环保领导者[N].荆州日报,2012-07-23.

在中国企业"走出去"战略中,格力电器的"走出去"已经实施了 10
多年。作为当时能真正"走出去"的中国企业,在实施"走出去"战略树立
自主品牌时,格力电器也遭遇了诸多的困难。据董明珠介绍:"在国外,
最初当然会有一些(困难),比如说人的问题。如果全部是中国人到那里
去,这些人可能对当地生活习惯、当地文化都不是很了解。在那里建厂
以后,我们对当地法律法规的了解,(也)需要一个摸索过程。我们力求
把这些风险降到最低。我们现在在外面投资,基本上都会用当地人,这
样更容易融入当地文化中去。"

经过 10 多年的经营,格力电器在巴西玛瑙斯自贸区的员工人数达
到 400 多人。在巴西另一座城市圣保罗的销售公司拥有员工 130 余人,
其中 95% 为巴西人。仅仅在巴西的分公司,格力年销量已达 30 万台
(套),销售网点遍及巴西 24 个州,成为辐射中南美洲的国际家电品牌。

董明珠坦言:"像在巴西、南非这样的地方,我们自主的品牌在当地
已经非常受欢迎了。随着集团的成长,我们就觉得不仅仅是为中国人服
务,还要为全世界服务。现在有了自己的核心技术,(更希望)创造一些
能够改善别人生活的产品。"

事实上,在国际化的道路上,格力电器一直潜心拓展自主品牌的海
外销售渠道。从在巴西开发市场,到 2012 年在美国纽约时代广场播出
广告,格力电器已经在稳步地、积极地拓展国际化市场。

据格力海外市场相关负责人在 2013 年秋季广交会上介绍,格力电
器 2013 年 1—9 月的出口增长接近 20%,而且预计 2014 年出口会继续
保持 20% 的增幅。

在该负责人看来,格力电器能够保持 20% 的增幅,主要凭借如下两
个方面:第一,各主要出口目标国家市场需求出现恢复性增长;第二,格
力电器自身掌握核心技术竞争力,自有品牌出口比例实现了显著提升。

对此,业内专家指出,格力电器全球化之路对中国企业"走出去"具有较大的示范效应,尤其是在全球经济风云跌宕的今天,逆势而为的格力电器正准备在国际舞台上争夺更大的话语权,提振中国企业搏击国际市场的信心。目前,在多个国家和地区,格力已经成为当地市场占有率第一的空调品牌。①

而正如董明珠所说的:"格力的国际化,我认为不是简单的数字,不是赚了多少钱,或者销售额有多少,我觉得更有价值的是自己品牌的走出去。"

在董明珠看来,品牌走出去,最重要的支撑因素就是技术,因为没有好的技术,单纯的广告宣传提高的只是产品的知名度。对于企业的可持续发展来说,技术实力奠定了品牌位置。基于这种理念,格力国际化的每一步足迹和发展,都是品质和技术实力的彰显。②

---

① 肖翊.董明珠:2014年海外市场将给格力挣更多的钱[J].中国经济周刊,2014-02-25.
② 网易网.《人民日报》肯定格力电器自主创新成就[EB/OL].2014. http://hea.163.com/12/1127/11/8HAKKTLM0016656B.html.

Chapter

09 格力电器
的三道坎

在格力电器不断攀登高峰的过程中,要想把自身打造成为百年老店,不仅需要有完善的制度、管理模式、营销渠道,同时还必须解决格力电器存在的诸多问题。因为对于任何一个企业而言,在高速成长的过程中,一些不是问题的问题往往会被忽视,甚至被业绩所掩盖。因此,格力电器要想继续领跑中国空调业,就必须迈过三道坎,这或许是再次提升销售额的机会,也是提升核心竞争力的最佳时机。

渠道困境急需突围

格力电器创建的"股份制销售公司"立下了汗马功劳,但是在这个营销模式中,格力电器以利益来维系与经销商的关系,因此具有先天的脆弱性和风险性。研究发现,支撑格力电器与经销商合作的前提是较为丰厚的利润空间,一旦合资销售公司的利润越来越薄,加之服务、宣传等费用的"区域自治",渠道的稳定性就会动摇。因此,当互联网、经销商等销售环境发生变化的时候,格力电器面临的渠道困境也就暴露了出来。

与渠道的矛盾日渐激烈

在 2014 年 2 月,据格力电器发布的 2013 年业绩快报数据显示:格力电器营业总收入1200亿元,同比增长19.90%;归属于上市公司股东净利润108亿元,同比增长46.53%;基本每股收益3.60元,同比增长45.75%;加权平均净资产收益率35.61%,增加4.23个百分点。格力成为中国首家年净利润、年纳税超过100亿元的家电企业。

格力电器1200亿元巨额销售收入的获得,离不开格力电器独创的渠道模式。不过,一些经销商表示,格力电器把经销商当成了特种部队:通常都是先打款,后发货,返利全以货品形式,甚至还会强加销售任务,等等。

殊不知,格力电器这样的举措使得一些大经销商最后不得不选择退出格力电器的代理销售,或者转投美的、海尔等其他品牌空调的销售。一些经销商坦言,格力电器没给其足够多的利润分配空间。

从经销商的话中不难看出,转投其他空调厂家的经销商,其根源还是利益。的确,利益永远是生产企业和经销商之间的矛盾焦点,对于格力电器与其"区域性股份制销售公司"来说,也不例外,两者同样存在着生产企业和经销商的利益之争问题,而且矛盾日渐激烈。

研究发现,由于空调行业与其他行业不一样,历来奉行的法则是规模至上,不仅需要巨额的现金流来维持生产企业的正常运转,而且需要资金来研发新的产品。在格力电器的营销模式中,自建渠道往往是"股份制销售公司"模式,格力电器无疑是以利益共享来捆绑经销商,不仅要求先打款后发货,而且在各省,格力电器还与经销商组建一系列的控股或非控股的销售公司。

不可否认,格力电器这种自建销售渠道的模式,保证了格力电器的高速增长,在一定程度上摆脱了对国美、苏宁等传统家电连锁渠道的依赖。但是任何事情都具有两面性,格力电器的这种渠道模式导致经销商不得不面临较大的压力,特别是在销售和现金流上。这无疑造成了格力电器与经销商之间的矛盾。

通常情况下，由于格力电器处于行业绝对领导地位，凭借品牌、资金等影响力可以把经销商捆绑在一起。但是随着空调市场竞争的不断加剧，各个空调品牌之间的竞争延伸到渠道时，相互挖角的情况就会越来越多，而美的等其他品牌在产品、销售上正迎头赶上，使格力的渠道模式更是暴露出了其固有的缺陷。

2008年7月，位于北京市大兴区的一家格力空调专卖店老板涉嫌"卷款"事件，将格力与经销商的渠道矛盾暴露在大庭广众面前。之前颇受好评的格力捆绑经销商自建渠道的模式也遭受越来越多的质疑。有人甚至提出"格力模式还能走多远"的问题。

无独有偶。此前，媒体同样报道过，2008年3月，家住西安市的部分消费者，先后两次在位于陕西省西安市西安明德格力空调门店集中购买了格力空调，并预先交付了80％的货款，其后有近70户格力空调安装延期，预付款金额达40多万元。

当北京格力专卖店老板涉嫌卷款潜逃的事件被媒体披露后，格力电器回应称，该门店并不是格力电器专卖店，而是一个普通的家电专营店。为了减少消费者的损失，格力电器为该事件中的受害消费者安装了空调。

对于渠道管理中存在的隐患，格力电器立即展开了统一清查工作。经过查实，西安明德格力门店又是一个"李鬼"。不过，对于格力出现的渠道问题，业内人士认为，在颇为恶劣的市场环境下，空调经销商们的日子并不好过。在2008年的夏天，由于中国大范围降雨，气温偏低，再加上2008年通货膨胀、银根紧缩，诸多因素导致空调销售旺季不旺，使得经销商们的资金链条吃紧。因此，发生卷款走人的事件并不稀奇。

不过，格力电器在专卖店方面管控能力的不足，却也暴露了格力渠

道方面存在的一个问题。2008 年,格力电器在中国就开设了 7000 多家专卖店,增速保持在 100% 以上。

虽然格力电器宣称,上述两个门店都不是格力电器专卖店,但是据一位格力空调专卖店老板介绍,由于近年格力电器专卖店在中国急剧扩张,原有的格力电器专卖店的利益受到较大的影响,而且急剧扩张很容易导致管控能力不足的问题,大量"李鬼"在格力专卖店的出现也就容易理解了。

该老板抱怨说,他们的处境十分不妙,不仅要面对国美、苏宁等大卖场的竞争,还要应付来自其他格力专卖店的竞争。特别是格力凭借着品牌方面的强势,要求经销商先打款后发货,导致他们面临很大的资金压力。再加上市场环境的恶化,这种压力对他们来说,无异于雪上加霜。

业内人士认为,该事件为格力渠道撕开了一道口子,有很多经销商已在徘徊观望,或者以各种条件为由,向格力要"政策"。格力这种渠道模式的缺陷正处在即将爆发的火山口。

渠道的变迁路径其实是个博弈的过程

"股份制销售公司"的销售渠道模式曾给格力电器高速发展立下了汗马功劳,可以说是中国家电市场上的"另类"。说格力"另类",主要是因为海尔、美的等众多空调品牌企业的渠道,往往是家电专业连锁,而格力电器一直保留着自己的区域性销售渠道——"股份制销售公司"的销售渠道模式。

事实证明,"股份制销售公司"的销售渠道模式为格力电器每年的增长提供了业绩保证。特别是在与国美电器的交锋中,这样的渠道模式更是发挥了重要的作用。然而,任何事情都有两面性,对于格力电器来说,如何维系单纯利益的渠道是一个不得不考虑的问题。

正如 19 世纪英国首相帕麦斯顿所言,"没有永远的朋友,只有永远的利益",这个道理同样适用于格力电器的渠道商。如果没有丰厚的利润,各地经销商们显然不会动辄几百万元地"下注"。这的确印证了"无利不往"的商业格言。在一些入股经销商看来,与格力电器组建区域性销售公司,最大的利益点就是垄断当地的格力空调批发市场。

在这样的背景下,维系格力电器与经销商合作的是较为丰厚的利润。而一旦空调利润渐趋萎缩,合资销售公司的利润也跟着转薄,加之服务、宣传等费用的"区域自治",渠道的稳定性就会受到越来越大的挑战。

综观格力电器的渠道历程,不难发现格力电器渠道的变迁路径,见图 9-1。

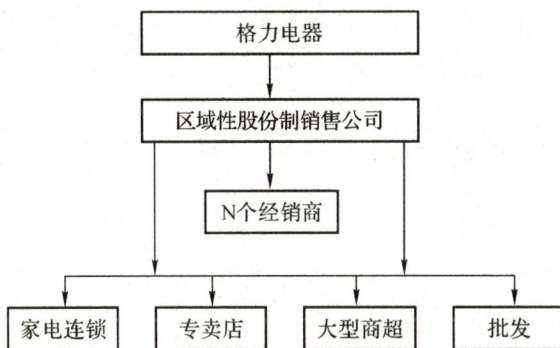

图 9-1　格力电器销售渠道的变迁路径

在这场渠道变迁路径中,格力电器经历了"区域性股份制销售公司"模式、增资控股后将股份制公司直接变成驻当地分公司、自建专卖店网络抵抗连锁卖场渠道、独立成立新贸易公司、渠道销售全盘剥离给新贸易公司等变革过程。

每次变革都会触及一部分经销商的利益。在 1994 年,时任格力经营部长的董明珠着手解决格力渠道混乱的问题。在这样的背景下,1997年年底,格力电器在湖北组建格力空调销售公司,这个模式就是格力"区域性股份制销售公司"的新尝试。

在格力电器用新渠道模式继续推进发展的时候,湖北销售公司最先成为格力与区域大户"较劲之地"。2000年年末,格力电器发现,湖北公司一些人想采用"移花接木"和"偷梁换柱"的手法,借格力品牌搞"体外循环",将格力的资源转移到个人注册的小公司中去,损害二、三级经销商的利益,从中牟取暴利。

为了解决"诸侯"各自为政的问题,格力电器开始提出"削藩"。在2001年年初,格力电器在湖北开始进行渠道变革。具体做法是,在湖北成立一家名为"新欣格力"的公司,其目的是取代过去的湖北格力销售公司。其后,年销售超过5亿元的湖北格力销售公司正式退出历史舞台,时任董事长兼总经理的郎青被辞退。

无法回避的渠道困境

长期以来,格力电器凭借着自己独创的自建销售渠道,不仅保证了高速发展,同时也是敢于向国美、苏宁等连锁巨头的渠道霸权说"不"的底气来源,赢得业内一致好评。

然而,由于格力电器"股份制销售公司"自身的特点,即过分依赖各地经销大户,决定了格力电器忽视销售终端的建设力度,而格力电器实行严密的渠道控制也使得销售终端数量有限,造成了顾客与格力产品的隔离。这在中国上海、北京、广州三大中心城市显得尤其明显。格力电器销售较好的市场亦是如此,如安徽、湖北、重庆、河南、广西、山东,等等。

众所周知,在创建销售公司的实际过程中,由于最初格力电器是作为小股东存在的，加上监控困难，在经营过程中很容易出现参与组建"区域性销售公司"的经销商违规操作、以权谋私等不良行为，这就很自然地损害了合资公司的利益。这种损害"股份制销售公司"的事件在安徽、重庆、东北等地都发生过。如在 2001 年 4 月中旬，安徽格力与格力电器总部的矛盾就曾一度升级。

2001 年 4 月 17 日，格力电器总部强行封存了安徽格力的银行账户和仓库库存，不仅停止供货，同时不准安徽格力办公，至此安徽格力彻底停止营业。

2001 年 4 月 18 日，安徽格力原财务部长（由珠海格力派出）被格力电器总部免职。

2001 年 4 月 20 日，董明珠亲临安徽格力，在重新分配工作时，与时任安徽格力总经理余志华等人发生了激烈的争执。

格力电器总部认定，时任安徽格力总经理余志华在企业内部管理过程中存在违规越权的情况，具体是指销售货款不及时交回格力电器总部，并越过格力电器委派的财务部长，擅自将销售资金挪为他用。

其实，发生这样的事情的根源在于，格力电器捆绑的经销大户在争夺市场时积累的种种陈年恩怨，加上各股东在合资公司内部股份不尽相同，区域性销售公司看似完美的外壳并不能掩盖各股东之间的矛盾。这为局部地区出现"内乱"埋下了祸根。

无法回避的困境使得格力电器决心实行渠道革命。在 2003 年 8 月，格力电器主动发起了渠道革命。

具体措施是，格力电器首次向"股份制销售公司"注入资金，增持广州和深圳两个销售公司的股份，这样做的目的是为了控制渠道。在以前的销售公司中，格力电器只输出品牌和管理，占有"股份制销售公司"少量的股份。第二步，格力电器直接从总部委派董事长和销售主管，而"股

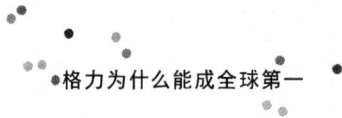

份制销售公司"的总经理由新股东担任。第三步,格力电器重新划分销售区域。在此次渠道革命中,格力电器将从化、番禺、花都、清远等销售公司直接划入广州分公司,而惠州、东莞等分公司被划入深圳分公司。

在经过上述三步变革之后,格力电器扩大了广州和深圳销售公司的势力范围。在此次渠道革命中,格力相关负责人解释说,位于华南的广州,是格力电器销售的大本营,由于销售业绩一直达不到期望,此次只是进行策略上的调整,其销售模式从未发生根本性的变化。

其实,在"湖北兵变"时,格力电器就已经开始对安徽、湖北、广西三地的销售公司进行了股份调整。经过此次调整,格力电器成了安徽、湖北、广西三地的销售公司的大股东,同时从格力电器总部委派人员在各销售公司担任管理层要职。

在此次渠道变革中,格力电器的真实意图非常明显,即通过吸收其他实力小的经销商参股,有效地削弱原大股东的控制权,使得其他股东均为小股东,不足以跟格力电器叫板,进而将实际操控权牢牢地掌握在自己手中。

没了董明珠,格力电器该怎么办

在中国空调企业中,董明珠与"格力空调"几乎可以画等号,董明珠无论做空调,还是卖空调,都非常强势。腾讯财经就曾这样评价董明珠:强悍与强硬一直贯穿于董明珠的格力生涯之中,她是家电企业中唯一和强势渠道商国美唱对台戏的人。也正是这种强悍的性格,使她获得"营销女王"的称号。这样的评价非常中肯,甚至有人描述说董明珠"走过的地方不长草"。可以肯定地说,董明珠的强势给格力电器带来了迅猛发展,但一旦董明珠离开后,格力电器的接班人却不得不面临一场更大的考验。

临危受命

在多个场合下,一些企业家都坦言,在中国企业中,那些成功的企业,其经营者都是非常强势的,如娃哈哈创始人宗庆后,从来不设副总经理的职位。的确,在中国商业历史中,曾经富过三代的企业经营者都是通过强势的领导风格保证了企业的经营。

犹如在战场打仗,狭路相逢勇者胜。在格力电器,董明珠的领导风格就是这样。

美国《财富》杂志中文版 2013 年 11 月发布的 2013 年"中国最具影响力的 25 位商界女性"排行榜上,华为公司董事长孙亚芳和珠海格力电器董事长董明珠位列前两位,摩根士丹利公司亚太区联席首席执行官及中国区首席执行官孙玮排名第三。

而《中国经营报》就这样描述董明珠:作为一个女企业家,却带着鲜明的"反女性特征","柔和""亲和力"这些词和她不贴边,"狠""斗"是她的代名词;合作伙伴说"跟着董明珠,永远不会输";竞争对手说"她走过的路,草都不长";她自己则说"我从不认错,我永远是对的"。或许正是这些特质,让她从一个 36 岁才入行的单亲妈妈,逐步执掌空调业巨头。董明珠,像男人一样战斗。

这样的评价只能体现董明珠执掌格力电器的一个特点。由于 1994 年一批销售员"集体辞职",在这危难之际,董明珠临危受命,接手负责较为混乱的经营部。经过格力电器内部的民主选举,董明珠成为格力电器经营部部长。

为了解决经营部存在的种种问题,走马上任的董明珠从建立完善的规章制度开始,目的是重振纲常。董明珠的变革取得了成效,经营部的面貌焕然一新。不仅如此,格力电器的业绩更是芝麻开花——节节高。董明珠仅仅用了五年时间,便实现了从 4 亿元到 28 亿元的 7 倍增长,到 2012 年,格力电器实现营业总收入突破 1000 亿元。

不仅如此,董明珠的强势还体现在对一些细节的执着坚持上。如作为年销售逾 1000 亿元的国内最大空调企业,在 2012 年,格力电器总部一年的招待费不超过 500 万元,而其他空调企业公关接待费用普遍就达到了数千万甚至上亿元。

董明珠介绍说,她自己一年在外面吃的应酬饭局不超过 20 次。领导人来考察格力,她也不请领导吃饭,要吃就是工作餐。

董明珠认为,她最大的成功是为格力电器建立一整套的管理制度,而不是像大家说的,仅仅是一个营销高手。营销是不是高手取决于一个人的诚信高与不高,如果不讲诚信,短期不择手段,可能一时利益得到了,却是不可持续的。而格力电器最大的特点就是可持续性。

格力电器的接班人"真的很难寻"

在近年企业家退休的浪潮中,影响较大的属于阿里巴巴创始人马云、巨人集团创始人史玉柱、新希望创始人刘永好……这些创始人的功成身退,无疑影响了一大批中国企业的经营者,当然也包括国企。

柳传志称:"选接班人就像选太太,要符合两点:一要漂亮,二要爱我。漂亮,意味着能力超群,是谓有才;爱我,意味着认同企业文化和创业领袖,是谓有德。"

在多个场合,董明珠开始讨论格力电器的接班人计划。董明珠说,如果在换届的时候没有比较优秀的人来接替她,她会觉得挺失败的。

　　董明珠和朱江洪的交接最大的特点是她当了十几年的总经理，她一直在指挥这个企业，所以朱江洪退休对她来说几乎没有影响。但是现在不一样，如果她退休，可能会对企业产生很大的影响。她要不断传递退休声音，让年轻人意识到一种紧迫感，让他们有压力。"不能因为我退休，这个企业就不行了。"

　　在这样的背景下，找到或者培养接班人无疑成了一件非常重要的事情。有媒体曾经问董明珠："人家说'新官上任三把火'，你的三把火是什么？"董明珠回答说："我没有火，只是培养接班人。"

　　的确，要想把格力电器打造成百年品牌，就必须培养接班人。从当上总经理的第一天开始，董明珠就着手培养接班人了。要想找到理想的接班人，显然是有难度的。董明珠坦言，"说老实话，真的很难寻"。

　　尽管接班人很难寻，但董明珠还是在尽力培养格力电器的下一代管理层。据董明珠介绍，人才队伍实际上是她一直关注的最重要的问题，因为董明珠认为："人才队伍不仅仅是接班的问题，更是一个团队的问题，我首先要打造一个好的团队。"

　　如果有人问董明珠现在接班人选好了吗？董明珠大概会说她下面的副总都可以说是接班人，但是还有不足的地方，因为还没有一个平台和机会让他们全盘管理，这是一个过渡的阶段，但也是容易解决的。最重要的是，培养的接班人真的愿意为这个企业献出他的一生，愿把自己融入到这个企业之中，这个太重要了。

　　有人劝董明珠要保重身体，董明珠也知道，但是当一个企业的发展和自己的身体健康需要做出选择时，该如何选择？身体健康的话，可能企业就没有了，总是要有一小部分人用牺牲来成就一大部分人的幸福。接班人一定要能为这个企业奋斗一生，这是一种境界。乔布斯50多岁就走了，大家都觉得很可惜，但是乔布斯为大家留下的这种忘我的精神，是最有价值的。

接班人不一定跟董明珠的风格相像。董明珠坦言,她的风格也不好,咄咄逼人,又是心直口快,但最重要的是心底是无私的,讲话如果是为了应付场面的话,她就觉得太虚假了。处理事情的风格不一定是相同的,但最起码心底是坦诚的,这一点要与她一样。

董明珠觉得最大的管理能力是集体的力量,要有一个团队,这个团队成员都愿意为企业的发展去努力,有这样的敬业精神。格力最成功的是有一个优秀的领导团队,各自站在不同的岗位上把自己的事情做好。之前一个老总带着两三百人,现在是八万员工,更多的时候是要靠制度来推动企业发展的。最有效的管理是企业的文化建设和制度建设。

没有董明珠,格力会如何发展

今日,谈及"后董明珠时代",可能许多人会认为这个问题还较为遥远,至少还有几年的时间,殊不知这样的问题关乎格力电器的未来。

据媒体披露,董明珠在2015年已迈入了花甲之年,这就意味着董明珠即将退休。不可否认,董明珠担任董事长到2017年,问题都不大,但不管董明珠坚持多久,她总有退休的时候。

朱江洪离开时,选择了董明珠作为接任者,而董明珠离开时,选择谁来继任,就成为一个问题。接董明珠的班可不是一件容易的事情,因为目前格力电器不仅已经登上了行业的巅峰,同时也达到了中国空调企业的新高度。不仅如此,董明珠对接班人的要求较高,如"爱格力胜过爱自己的家",而这条接班人标准使得很多格力领导层成员很难能够真正地做到。

不仅如此,必须看到,格力电器有今天,很大程度上是董明珠牺牲正常家庭生活换来的。而且,董明珠的自律性也是一般人难以企及的。因此,无论业绩还是修养,董明珠目前潜在的接班人都难望其项背,这对格力持续发展是一个严峻考验。对此,业内专家建议,董明珠应向万科的王石学习,向阿里巴巴的马云学习,向华为的任正非学习,改变事事亲力亲为的习惯。过去那样做也许没有问题,但是现在,董明珠必须学会放权。

在中国,很多企业家都没有做好交接班准备,有的企业家根本就没有明确的退休时间表。不管是家族企业还是国企,交接班问题和接班人培养都是一个大问题。

事实上,"临危受命""勉强维持"已成为在中国企业交班换代时的真实写照。这主要是因为家族企业的"第一代"创始人总是太能干,企业总是没准备好,但这终究不是长久之计。又由于中国家族企业向来没有公开讨论和制定接班人计划的习惯,对身后"托孤"之事一向讳莫如深(甚至是不成文的禁忌),曾有专家用"前不见古人,后不见来者"来形容中国家族企业的传承问题。于是,常常看到家族企业家一面竭力回避接班人的敏感话题,一面又不得不为之深夜辗转失眠……

据权威机构 DDI 公司的《全球领导力预测》研究显示:中国在未来两年内将面临 7 万名高级管理人才的缺口,高达 89% 的家族企业难以找到合格的高层接班人,一旦家族企业的创始人出现什么意外,企业的运作就会出现很大的问题。例如,复旦复华前"掌门人"陈苏阳遭遇空难,大家才发现居然没有候任的总经理!一时间公司"群龙无首",只能勉强进行集体领导。

其实,这样的问题同样困扰着格力电器。当媒体记者问董明珠"您什么时候退休"这个问题时,董明珠的回答却很模糊:"只要有接班人,我明天退休都行。"

客观地讲,对于各界都关注的接班人问题,董明珠也很关注。据董明珠介绍,她一直在用心培养。若非长时间培养,最后等到她退休的时候,她不会放心将格力交出去:"我们要对格力负责,要对股东负责。"

不过,要想成为格力电器的接班人,必须符合相应的标准,董明珠称:"这就是我们格力长时间要求员工的标准,忠诚、奉献、忘我。我的接班人肯定是第二个董明珠。"

在董明珠看来,忠诚是必需的,不忠诚就不会真心对待企业。作为一个企业的领导人,就要有奉献的精神,应该有这样的胸怀,最后还应该有忘我的精神,只有这样,他才能真正把企业做好。正是基于这样的考虑,目前董明珠仍然掌控着格力电器这艘大船。不过,业界也很担心,格力电器在空调行业的竞争丛林里与其他竞争者较量,一旦没有了董明珠,格力电器的未来到底会如何发展?

正如苹果创始人史蒂夫·乔布斯去世时,三星就利用这个机会打击苹果,使得三星迅速崛起,成为世界手机巨头。时任三星美国公司销售运营副总裁迈克尔·彭宁顿(Michael Pennington)曾在一封电子邮件中称:"乔布斯的病逝引来了大量媒体对 iPhone 的积极报道,这些报道让消费者认为苹果的手机是最好的,因为乔布斯是一名远见者和完美主义者。因此,购买由这样一个人开发的产品,消费者的感觉也很好。尽管如此,我认为这是我们攻击 iPhone 的最佳时机。"

的确,史蒂夫·乔布斯的逝世给了三星一个崛起的机会。对于格力电器来说,董明珠的退休或许同样会给其他空调企业崛起的机会。为此,董明珠也承认:"说一个领导者对企业没有影响是不可能的,我希望有一个正确的影响。我一直强调责任和奉献。在担任格力的董事长以后,我更多的是权力下放,企业大了以后要求公开透明,越公开透明,领导的权力就越小,也可以说越大。大和小取决于这个权力用到哪里,如果用于服务别人就可以无限大,但是用于服务自己就无限小。"

　　在具体的管理中,董明珠也已经开始改变:"过去讲总经理是管大事不管小事,我跟别人是相反的,我认为总经理是管小事不管大事的。如果一个企业小事都不出,不可能有大事,我更多的是抓细节管理,企业需要不断地自我挑战,在细致的管理过程中挖掘和杜绝问题。我也不否认,长期以来我是属于自我挑战型的,就像别人讲的,格力有点儿自虐狂。我认为这是严于律己的要求,如果不对自己有苛刻的要求,而放纵自己,就是对别人的虐待,特别是制造业,更应该有这样的精神才行。我出差 20 天,也不会影响企业的运行。大的战略方针定下来,干部有考核机制,会自觉或者不自觉地做好,这可能是目前格力一个很大的亮点,我自己感觉现在是非常不错的。过去很多干部不知道自己应该干什么,现在大家清楚了,我要做什么,我必须做什么,这是一个很大的变化。"

　　在培养接班人方面,一些跨国公司就做得非常好,它们通常会在很多重要岗位上采取内部晋升的办法来储备企业所需的人才。比如麦当劳公司,2006 年 4 月 19 日,麦当劳首席执行官吉姆·坎塔卢波(Jim Cantalupo)因心脏病发作逝世,享年 60 岁。就在坎塔卢波病故后不到两个小时,麦当劳董事会迅速做出了新的任命决定:43 岁的澳大利亚人、现任公司首席运营官查利·贝尔为该公司新的首席执行官。公司还任命 74 岁高龄的现任董事会召集人安德鲁·麦克纳担任非执行董事长。

　　然而,让人意想不到的是,15 岁开始在麦当劳打散工、44 岁成为这个"快餐金刚"首席执行官的查利·贝尔,其传奇一生似乎与麦当劳结下了不解之缘。但天妒英才,2005 年 1 月 17 日凌晨,在他的家乡澳大利亚悉尼,出任 CEO 仅几个月的贝尔因癌症过早地离开了人世,享年 44 岁。

　　在短短的几个月中,两任 CEO 相继辞世。但由于有完善的值班人计划,麦当劳仍然顺利地向前发展。

麦当劳公司的接班人计划值得中国企业创始人学习和借鉴——必须尽早找好自己的接班人,一旦出现意外情况,接班人随时可以顶上。螺丝拧好的机器固然是好机器,但一旦螺丝松了、掉了,机器就不能运转。最好的机器是那些不用螺丝、直接卡在一起就能运转良好的机器。领导人更应该如此。事实上,在家族企业里,几乎百分之百的企业家都还是那颗最关键的螺丝钉,不但掉了不行,松了也会运转不灵。这样的企业仍然是人治的企业,企业的生存危机仍然如影随形。

不可否认,内部晋升不仅能激发员工的积极性,而且还能在企业优秀员工中选拔企业所需的核心员工,将有能力的优秀员工和业绩突出者提升到重要的职位。为此,许多组织特别是建立时间比较长的组织,较多采用内部晋升制度,在高层职位出现空缺时,主要从低层符合条件者中择优提拔。

电子商务冲击传统渠道

硝烟迷漫的 O2O 战场,似乎整个话语权都在百度、阿里、腾讯手里,甚至有舆论认为,曾经叱咤风云的国美电器也已经渐行渐远。同样,对于空调制造企业格力电器来说,电子商务正在冲击传统渠道,而且电商的思维可能会让格力电器对销售模式进行再次变革。

传统家电业和互联网之间的对峙刚刚开始

随着互联网的普及,越来越多的网民正在改变中国传统的商业模式。据中国互联网络信息中心(CNNIC)发布的《第 36 次中国互联网络发展状况统计报告》数据显示,截至 2015 年 6 月,我国网民规模达 6.68 亿,半年共计新增网民 1894 万人。互联网普及率为 48.8%,较 2014 年年底提升了 0.9 个百分点,整体网民规模增速继续放缓,见图 9-2。

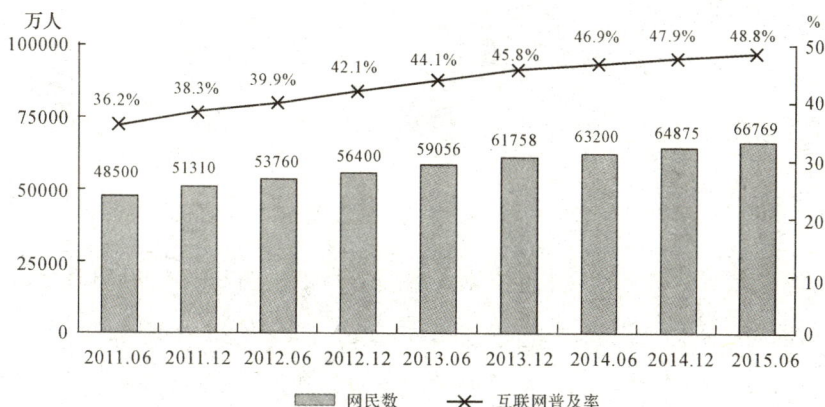

图 9-2　中国网民规模与互联网普及率

该报告还显示,截至 2015 年 6 月,我国网络购物用户规模达到3.74 亿,较 2014 年年底增加 1249 万人,半年度增长率为 3.5%;2014 年上、下半年,这一增长率分别为 9.8% 和 9.0%。这组数据表明,我国网络购物用户规模增速继续放缓。与整体市场不同,我国手机网络购物用户规模则增长迅速,达到 2.70 亿,半年度增长率为 14.5%,手机购物市场用户规模增速是整体网络购物市场的 4.1 倍,手机网络购物的使用比例由42.4% 提升至 45.6%,见图 9-3。

从这组数据可以看出,在互联网这个蓝海市场,其潜在商业价值是众多中国企业挖掘的一个新增利润点,由此兴起的网络消费推荐功能也将盘活越来越大的市场。在 2013 年,作为典型的中国家电连锁企业,国美电子商务的利润贡献,获得了高速增长。据公开数据显示,2013 年,

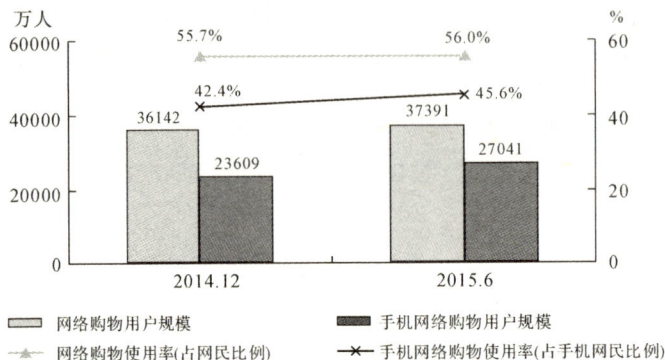

图 9-3 2014.12—2015.6 网络购物/手机网络购物用户规模及使用率

国美连续 4 个季度实现赢利,并且盈利额持续上升。仅就第四季度而言,国美收入同比增长达到 17.6%,苏宁是－2.45%;国美同比增长达到 17.5%,苏宁仅有 1%;国美的毛利率更是达到 19.35%,而苏宁则下降到 14.35%。

根据以往的业绩分析,国美在 2012 年经历了其发展历史上的大倒退,2013 年国美全年营收居然没有超过 2011 年的峰值。而如今,国美曾经遭遇的内斗影响已经消除,正在迈向高速发展的轨道。

在开拓互联网商业模式方面,国美和苏宁都在尝试,同时也都进行了大量的网上广告投放,都面临着线上线下的价格互博。国美甚至采用了国美在线与库巴网两个网站。由此可看,传统家电业和互联网之间的对峙才刚刚开始。

不可否认的是,传统家电连锁的互联网渠道变革同样也会影响像格力电器这样的传统生产企业。目前,格力电器在中国拥有上万家专卖店,面对电商的迅猛发展形势,往往采用实体店与电商并存的方法来协调其渠道的通畅。

面对实体店与电商并存的问题,董明珠认为,原来的格力专卖店一般是 50~90 平方米,格力进行大量店面的升级改造,最大的专卖店达到 1000 平方米。进去的不一定是格力品牌的产品,但一定是精品。

现如今,电子商务发展飞快,但从品质、后续服务上看,空调、净水器销售之后还存在很多服务问题。而且,从网上购物,不等于就不去逛街了。所以,虽然电商增加了销售渠道,但不能替代实体店。店面存在对人们来说不仅是购买场所,还是提供休闲体验的场所。因此,应该选择实体店与电商两者并存的渠道销售格局。

电商业务被迫提上日程

在如今的互联网时代,传统企业正在面临脱胎换骨的转型,搜狐创始人张朝阳在一次演讲中甚至还认为,中国互联网正在全面接管中国经济。

在张朝阳看来,互联网这块价值洼地的商业价值日益明显。据波士顿咨询公司的一份调研报告显示,到 2016 年,G20(二十国集团)的数字经济规模将达到 4.2 万亿美元。届时,互联网经济对于中国 GDP 的贡献将达到 6.9%,仅次于英国和韩国。

的确,在中国,只有互联网行业真正做到了几乎纯粹的市场化竞争,是最趋于公平的竞争行业。一个产品如果比竞争对手的产品强 10%,那么,它在网络上会被成千倍地放大,这种指数的增长比线下的线性增长快得多。所以,互联网行业容易产生最优秀的组织,具有更好的组织能力、创新能力、管理能力、营销能力。

在这样的背景下,2013 年年底的经销商大会上,董明珠第一次明确提出格力要执行电商战略。尽管格力电器拥有上万家的专卖店,但是依然在抓互联网的机会,因为互联网的潜在价值实在太诱人。据奥维咨询发布的《2013 年度家电市场整体及细分品类研究报告》显示,2013 年线下家电销售规模为 1.1291 万亿元,增幅 6％,而线上家电销售额尽管只有 716 亿元,但增幅达 79％,整体占比从 2012 年的 3.6％提升到 6％。

在家电制造商中,海尔是最先站在互联网的起跑线上的企业,这源于海尔集团 CEO 张瑞敏的战略思维。张瑞敏认为:"如果要把互联网时代作为一种混沌状态,就意味着它一定是动态的,是不均衡的,而且一定是非线性的。那么,怎么去解决均衡即死亡的结?就像凯文·凯利在书里所说的,一定要做生态圈。"

在这样的战略思维下,海尔进行了电商布局及平台搭建,而美的集团也在 2013 年 10 月新组建电商模块,同时推进各个事业部加强线上销售。

面对来势汹汹的互联网浪潮,格力电器不可能不作出反应。格力站到了一个十字路口上:在新的竞争格局下,电商业务几乎是被迫提上了议事日程。

融合线上线下渠道优势刻不容缓

自 2013 年年底雷军与格力董事长董明珠开出了 10 亿赌局之后,传统的渠道是资产还是包袱,就成了媒体和研究者争论的焦点。

2014 年号称是"传统产业电商化爆发元年",移动互联时代线上线下的战争,让格力电器固有的渠道战略受到前所未有的挑战。其实,这场争论的结局并不重要。重要的是,对于格力电器而言,在互联网时代的大背景下,其需要面对的不仅是一个庞大的渠道体系的重塑,还必须融合线上线下的渠道优势。

对此,董明珠坦言,电子商务是一种新的销售模式,作为一个新渠道,不能替代传统的实体店。两者不是完全可替代的。格力绝对不是以盈利为目的来改变销售模式,而是以服务更快捷、方便来增加服务价值。

对于格力电器,电子商务是服务价值的增加,它是为一部分人服务的,但必须解决目前网购所可能存在的欺诈问题。比如在网上,两个空调看起来一样,却有很大的价格差,就可能存在偷工减料的问题。董明珠觉得电子商务可以去尝试,但还是要坚持基本的销售原则。

事实上,在互联网已经十分普及的今天,基于长尾理论的电子商务渠道同样冲击着格力电器的渠道模式。因为在互联网上,不仅可以节约巨额的门店费用和人员工资,同时还可以把价格降到更低,从而把中间商的利润分配掉。

这让一些不注重电子商务的空调企业摔了一个大跟头。2013年8月14日,据工信部首次发布的《2013上半年家电网购分析报告》显示:外资空调在电商平台上占据的市场份额非常低,如松下、大金、三菱电机等外资空调的市场占比还不到1%。

中国空调企业由于关注电商渠道的开发与建设,赢得了诸多机会。这就给格力电器涉足网上渠道带来了更多的信心。

在很多公开场合下,董明珠向外宣称,格力电器已经注意到了互联网带来的变化。对于格力电器这样的制造企业来说,互联网的价值在于能够提升企业的效率,而非通过新的营销模式创造价值。

董明珠坦言:"互联网实际上有提升企业效率的作用。比如,格力电器可以实现对全国所有中央空调的远程监控,消费者不知道该不该换,我们可以通过自身获取的数据进行分析,远程监控产品质量。把互联网用在为消费者服务上,它就不单单是一种简单的手段。"

在董明珠看来:"我们只忠于市场,市场需要我们做线上,我们就做线上;需要我们做线下,我们就做线下。实体经济转型升级,必须要有底线思维,那就是守住质量的底线。"

这里所讲的质量,不单单是指产品的质量,还有服务的质量。因为在互联网时代,一切都以用户为核心。董明珠说:"虽然这是互联网营销的时代,但最终决定输赢的还是技术和产品。格力电器有 5000 名非常专注的年轻技术人员,正是这些人使格力难以被超越。只要是消费者需要的,就是格力要做的。"

不过,对于格力电器来说,互联网渠道的影响已经不可避免,有关渠道的变革和布局,仍然是格力无法回避的现实。只有融合线上线下的渠道优势,才能促使格力电器这艘大船安全远航。

一些分析师认为,对于格力电器而言,网购的兴起和新业务的拓展需要在原有的经销商体系基础上建立一个全国性的协商机制,以配合公司的进一步发展;对经销商而言,建立一个全国性的协商和合作机制,有利于最大化格力渠道的价值,增加经销商的利润来源,最终实现互利共赢。

附录：格力电器大事记 *

1991年，朱江洪成立珠海格力电器股份有限公司，推行"零缺陷工程"。

1992年，时任格力电器华东片区业务经理的董明珠率先打破"代销"这条僵硬的市场规则，确定"先付款后发货"的原则。

1993年，格力电器研制出节能型分体机"空调王"，这是当时世界上制冷效果最好的空调器，能效比超过3.3（当时的国家标准是2.3）。

1994年，格力销售人员"集体哗变"。董明珠临危受命，出任经营部部长，进行加强制度建设、优化人才培养体系等一系列改革，改变了原来企业命运系在销售人员身上的局面。同时，为调动经销商的积极性，董明珠创造性地推行了"格力淡季销售政策"。

1994年，格力空调通过GS认证，成为中国第一个拿到"欧洲家电市场通行证"的产品。

1995年3月，格力电器通过ISO 9001国际质量体系认证初审，格力空调的质量体系开始与国际接轨。

1995年，格力电器荣获欧盟认证机构颁发的中国第一份CE审查证书，标志着格力电器从此稳握开启欧盟市场的"金钥匙"。

1995年，董明珠上任仅一年间，经过内外部一系列的整肃，格力电器销售业绩翻了7倍，格力空调产销量跃居全国首位。

---

* 本部分根据互联网相关资料整理而成。

1995 年 7 月，格力电器成立空调行业迄今为止独一无二的"筛选分厂"，对所有采购进厂的零部件进行全面检测，严格控制外协外购件质量。

1995 年 9 月，格力电器总经理朱江洪签发"总经理 12 条禁令"，在质量上"大开杀戒"。

1995 年，格力新柜机"空调贵族"，以"灯箱面板"的彩色装饰专利技术出现在市场上，成为国内外市场的畅销货。

1995 年，格力空调销量比 1994 年翻一番，销售额跃升至 30 亿元。

1996 年，格力电器在深圳证券交易所上市。

1996 年 7 月，格力电器通过 ISO 9001 国际质量体系认证，标志着格力电器从此有了进入国际市场的通行证。

1996 年 12 月，国家统计局和央视调查咨询中心联合发布全国 31 个中心城市抽样调查结果公告：格力空调居 1996 年空调类产品"全国市场占有率第一位""产品质量评价第一位""售后服务质量评价第一位"。

1996 年 11 月，格力向市场推出了"更冷、更静、更省电"的分体空调"冷静王"，能效比高达 3.35，噪声仅为 34.2 分贝，是当时国内噪声最小、制冷效果最好的空调。

1997 年 12 月，格力电器在湖北成立了由经销商共同参股的"区域性销售公司"，开创了"21 世纪经济领域的全新营销模式"。同年，董明珠被任命为主管营销的副总经理。

1998 年是格力的"成本年"。格力电器以"提高质量，降低成本"为目标，在质量控制和成本管理方面取得双丰收。

2001 年，董明珠出任格力电器总裁，明确提出"百年企业，人才管理是基础"。

2001 年 2 月，格力电器获"国家首批产品质量免检企业"称号。

2002 年,格力在质量管理上不断创新,引入六西格玛管理法,并且全面系统性地开展质量管理。

2004 年 3 月,国美单方面降价,破坏商业秩序,格力为保护广大经销商的利益,宣布退出国美,自建渠道。

2005 年 8 月,中国家电业首台拥有自主知识产权的大型中央空调——离心式冷水机组在格力电器成功下线。

2005 年 11 月,格力首创的世界第一台超低温热泵数码多联机组顺利下线,打破了发达国家对中央空调的技术垄断。

2006 年 9 月,格力电器被国家质检总局授予空调行业唯一的"世界名牌"称号。

2006 年 12 月,格力磁悬浮离心式冷水机组正式下线,标志着格力电器成为目前全球第四家、国内第一家真正掌握该技术并实现批量生产的空调厂家。

2007 年,格力开始在合肥推广"4S＋1"专业店。

2007 年,格力卧室空调"睡美人""睡梦宝""睡梦康"相继上市,开创空调业功能细分时代。

2007 年 2 月,格力被商务部授予"最具市场竞争力品牌"称号。

2007 年 7 月,格力电器被国家人事部、国家质量监督检验检疫总局联合授予"全国质量工作先进集体"称号,是中国家电业唯一获此殊荣的企业。

2008 年 2 月,格力电器发明的"热泵型空调器除霜控制方法"(简称"智能化霜技术")荣获第十届中国专利奖优秀奖,成为该届中国专利奖空调行业唯一获奖单位。

2008 年 3 月,格力自主研发的国内第一台热回收数码多联空调机组列入 2007 年度国家级火炬计划项目,是空调行业唯一入围的项目。

2008 年,在激烈的市场竞争中,格力空调中标"北京奥运媒体村"。

2009 年 3 月,"国家节能环保制冷设备工程技术研究中心"落户格力,这是中国制冷行业第一个国家级工程技术研究中心。

2009 年 3 月,具有 100％自主创新产权的第三代直流变频技术 G-Matrik 技术宣布问世,一举解决了变频压缩机在低频运行时震动大、空调启动对电网和其他电器的干扰等技术难题。

2009 年 5 月,格力电器"超低温空调制热"技术荣获广东省专利金奖,成为唯一连续两年摘获金奖的家电企业。

2009 年 6 月,格力电器壁挂式空调器荣获国家质检总局"出口免检"资格,是空调行业第一家也是唯一一家获得此资格的企业。

2009 年 10 月 24 日,格力"出水温度 16℃～18℃高效离心式冷水机组"问世,不但有效解决了我国大型公共建筑能耗居高不下的难题,且大大提高了大型中央空调技术水平。

2010 年,国家科技部组建的国家节能环保制冷设备工程技术研究中心落户格力,这是中国制冷业第一个也是唯一的国家级工程技术研究中心。

2010 年 4 月 27 日,在广东省轻工业协会组织的"新一代 G-Matrik(又称'G10 变频引擎')低频控制技术"科技成果鉴定会上,格力电器自主研发的"G10 变频引擎"低频控制技术被专家组鉴定为"国际领先"水平,其中格力 G10 变频空调被鉴定为"国际先进"水平。

2010 年 6 月,格力离心式冷水机组和螺杆式冷水机组共 29 款水冷冷水机组全部通过了美国空调供热制冷协会 AHRI 认证,成为首家获得水冷冷水机组 AHRI 认证的中国空调生产商。

2010 年 7 月 15 日,格力在北京人民大会堂全球首发 G10 低频控制技术、高效离心机、高效定频压缩机三大核心科技,这三项技术分别应用在变频空调、中央空调和定频空调领域，其主要技术指标不仅领先国内同行，也超越美、日、欧等国际同类产品。

2010年12月，国家知识产权局和世界知识产权组织在北京举行第十二届中国专利奖颁奖大会，格力电器的"滑动门"专利获得中国专利优秀奖。

2012年2月，格力1赫兹变频技术荣获国家科技进步奖，成为该奖项设立以来唯一获奖的专业化空调企业。

2012年5月，董明珠升任格力电器董事长兼总裁，全面掌管格力电器。

2012年12月，格力"双级增焓变频压缩机的研发及应用"被鉴定为"国际领先"，改写空调行业百年历史，引领空调行业进入一个新的时代。

2012年，格力电器成为中国首家"千亿级"家电上市企业。

2012年3月，格力形象宣传片亮相纽约时代广场，充分显示了格力电器搏击国际市场的决心和信心。

2013年，格力电器实现营业总收入1200.43亿元，净利润108.71亿元，纳税超过102.70亿元，是中国首家净利润、纳税双双超过百亿的家电企业，连续12年上榜美国《财富》杂志"中国上市公司100强"。

2014年，格力电器实现1400.05亿元营业总收入，达到格力董事长董明珠提出的"1400亿元"既定营收目标。

2015年，格力电器半年报营业收入501.11亿元，2015年上半年空调市场销售额同比下降4.1%。在此市场条件下，格力仍以净利润27.75亿元稳坐行业第一，获得了销量与口碑的双丰收。

后　记

在后金融危机时代的今天,空调行业举步维艰,格力电器为何一枝独秀?是努力所致,还是运气使然?格力电器是怎样从一个名不见经传的小品牌蜕变为炙手可热的世界名牌?它是如何在强敌环伺的全球空调市场中迅速成长为举世瞩目的领先者?它是如何创造世界空调历史上令人叹为观止的佳绩?

回顾历史,成立于1991年的珠海格力电器股份有限公司,目前已经成为世界最大的集研发、生产、销售、服务于一体的国有控股专业化空调企业。

我们经过10多年的跟踪研究发现,格力电器今日之业绩源于格力电器前任董事长朱江洪和现任董事长董明珠所倡导和坚持的专业化和不怕吃亏的工业实干精神。

在机会遍地时,格力电器拒绝诱惑,集中资源研发空调行业的核心技术,打破日、美企业的技术垄断。

在机会遍地时,格力电器敢于走出国门,以“先有市场,后建工厂”的国际化路径探索出一条“走出去”的康庄大道。

在机会遍地时,格力电器勇于开创销售新模式,以“股份制销售公司”渠道赢得经销商的认可,被经济界、管理界誉为“21世纪经济领域的全新革命”。

　　……

这一步一步的跨越浓缩了格力电器走出国门、开拓市场、肩负民族工业重担的历史使命。格力电器创造了一个几乎不可能的企业神话,给许多中国企业提供了参考和借鉴,引领着更多的本土企业做强做大,走向海外。

这里,感谢"财富商学院书系"和"火凤凰财经书系"的优秀工作人员,他们也参与了本书的前期策划、市场论证、资料收集、书稿校对、文字修改、图表制作等工作。

以下人员对本书的完成亦有贡献,在此一并感谢:简再飞、周芝琴、周梅梅、吴雨凤、吴江龙、吴抄男、赵丽蓉、周斌、张著书、周凤琴、周玲玲、金易、何庆、李嘉燕、陈德生、丁芸芸、徐思、李艾丽、李言、黄坤山、李文强、陈放、赵晓棠、熊娜、苟斌、佘玮、欧阳春梅、文淑霞、占小红、史霞、陈德生、杨丹萍、沈娟、刘炳全、吴雨来、王建、庞志东、姚信誉、周晶晶、蔡跃、姜玲玲等。

任何一本书的写作,都是建立在许多人的研究成果基础之上的。在写作过程中,笔者参阅了相关资料,包括电视、图书、网络、报纸、杂志、论文库、格力电器的官方网站等资料,在此谨向有关文献的作者表示衷心的谢意!如有疏漏之处还望原谅。

本书在出版过程中得到了许多商学院教授、标杆企业研究专家、企业总裁、职业经理人、媒体朋友、培训师、业内人士以及出版社编辑等的大力支持和热心帮助,在此表示由衷的谢意。由于时间仓促,书中纰漏难免,欢迎读者批评指正。*

周锡冰

2015 年 9 月 26 于北京

---

* E-mail:zhouyusi@sina.com.cn

图书在版编目（CIP）数据

格力为什么能成全球第一 / 周锡冰著 . —杭州：
浙江大学出版社，2016.5
ISBN 978-7-308-15428-4

Ⅰ.①格… Ⅱ.①周… Ⅲ.①空气调节设备－工业企
业管理－营销管理－经验－珠海市 Ⅳ.①F426.6

中国版本图书馆 CIP 数据核字（2015）第 301924 号

格力为什么能成全球第一

周锡冰 著

责任编辑	姜井勇	
责任校对	罗人智	
封面设计	杭州林智广告有限公司	
出版发行	浙江大学出版社	
	（杭州市天目山路 148 号　邮政编码 310007）	
	（网址：http://www.zjupress.com）	
排　版	杭州星云光电图文制作有限公司	
印　刷	杭州钱江彩色印务有限公司	
开　本	710mm×1000mm　1/16	
印　张	16.25	
字　数	195 千	
版 印 次	2016 年 5 月第 1 版　2016 年 5 月第 1 次印刷	
书　号	ISBN 978-7-308-15428-4	
定　价	42.00 元	